高情商
销售课

任 航/著

High EQ
Sales Course

石油工业出版社

内 容 提 要

本书主要从客户的角度出发，介绍了一套切实可行的销售技巧，不管是挖掘客户需求，还是推动成交，都是直接就可以使用的。没有空话套话，一看就懂，一用就灵，切实解决销售中的问题，能大大提升成交率与业绩，让你轻松成为一名优秀的销售员。

图书在版编目（CIP）数据

高情商销售课 / 任航著. —北京：石油工业出版社，2019.5
ISBN 978-7-5183-3251-9

Ⅰ.①高⋯　Ⅱ.①任⋯　Ⅲ.①销售学　Ⅳ.①F713.3

中国版本图书馆CIP数据核字（2019）第074331号

高情商销售课
任　航　著

出版发行：石油工业出版社
　　　　　（北京市朝阳区安华里二区1号楼 100011）
网　　址：www.petropub.com
编 辑 部：(010) 64523766　图书营销中心：(010) 64523633
经　　销：全国新华书店
印　　刷：北京晨旭印刷厂

2019年5月第1版　2019年5月第1次印刷
710×1000毫米　开本：1/16　印张：15.25
字数：200千字

定　价：58.00元
（如发现印装质量问题，我社图书营销中心负责调换）
版权所有，翻印必究

前　言
PREFACE

销售就是要情商高，会说话，搞定人！

销售是一个很受刺激的职业，和其他的职业不同，销售工作极富挑战性与魅力，能激发人的潜质。自由与高收入是这个职业的最大特点。如今，越来越多的年轻人加入这个行业中，为追求梦想而努力奋斗。

销售的过程是买家与卖家沟通交流，最终达成交易的过程。在这个过程中，销售员要千方百计地引导客户购买产品，而客户并不是被动接受，他们可能会指出销售员的产品或者服务的种种诟病，并提出各种要求，甚至是责难。任何一个环节做得不好，都会影响销售工作取得的业绩圆满成功。

很多销售员经常抱怨：

客户有很多，为什么总是看的多，买的少？

掏心窝交底，为什么始终得不到客户的信任？

与自己关系很好的客户，为什么一夜之间成了对手的客户？

好话说了一箩筐，为什么客户迟迟不签单？

好不容易进了客户的办公室，没谈几句就被下了逐客令。

好不容易搞定一个客户，对方却拼命压价，尽管拿下了订单，但利润却是很低。

好不容易赚点利润，客户却拖着就是不回款……

这是各行各业的销售现状。谁都不是天生的销售天才，即便是最优秀的销售员，他们在事业上的成就也不是一蹴而就，他们与普通的销售员没有太大的不同。在推销的过程中往往会遇到各种各样的麻烦，说白了，都是销售员没有掌握好销售的精髓。

成功的销售其实很简单，就是要情商高，会说话，搞定人。身为销售员，不懂销售技巧，不讲究方式方法，就如同在黑夜中行走，只能是误打误撞。只要掌握了正确的业务方法和销售技巧，就没有卖不出去的产品、拿不下的订单。

著名的销售大师汤姆·霍普金思年轻的时候曾做过装帧图案推销。有一次，他向一家公司推销装帧图案，几乎每个星期都会去这家公司，有的时候甚至是一周去好几次。就这样持续了半年，这家公司还是没与他达成交易。公司的负责人总是拿着他的图案，然后充满遗憾地告诉他："你们的图案没有创新，很抱歉……"

当时，汤姆·霍普金思几乎没勇气再去这家公司了。于是，他静下心来仔细思考了自己的推销过程，决定采用一种新的方法试试。

这次，汤姆·霍普金思带着未完成的草图去拜访了这家公司的负责人。一见到负责人，汤姆·霍普金思很恳切地请求道："我想请您帮我一个忙！我这有些未完成的草图，希望您可以在百忙之中抽空指点一二，我们会根据您的意见对图案进行修改的。"这位负责人答应了他的请求，并提出了一些自己的看法。

几天之后，汤姆·霍普金思又去拜访那位负责人。这次，他带去的是根据负责人的意见修改完成的图案。最后，这批装帧图案全部推销给了这家公司。此后，汤姆·霍普金思又用同样的方法成功地推销了很多装帧图案，他自己也因此得到了丰厚的报酬。

汤姆·霍普金思的销售技巧其实很简单，他深知每个人对自身参与创造的或者与自身有关的事物往往会抱有支持的态度。因此，在推销自己的产品时，附加了一些与客户自身有关的信息，为产品打开了销路。

销售是一门如何搞定人的艺术。人的购买行为都是由其心理来决定的，对于销售员来说，最重要的销售技巧就是摸透客户的心思，知道客户在想什么，这是销售工作的重中之重。抓住客户的软肋，以心攻心，见招拆招，从而有效地说服客户，这样销售工作才能够达到一个"知己知彼，百战不殆"的境界。

销售就是要搞定客户，拿下订单。对于销售员来说，除了成交，别无选择。但是，大多数客户总是经常"卖关子"，身为销售员，唯有解开他们的"心结"，才能够顺利实现成交。可以说，能够读懂客户内心活动的销售员才能够成功拿下客户。

那么，在销售的过程中如何搞定客户呢？从众多成功的销售大师身上不难发现，优秀的销售员往往会先搞清楚客户的需求或购买动机，投其所好，从而赢取客户的信任，让客户果断决定购买。

因此，为了帮助更多的销售员早日步入成功的轨道，本书以销售活动的基本过程为准线，遵循销售工作的规律，结合了大量的实例，对销售技巧做了全面的阐述。同时，针对销售员在销售过程中可能遇到的难题进行了分析和解答。内容涵盖了实际销售过程中的各种技巧运用，使销售员能够轻松搞定客户，迅速提升销售额与业绩。

目 录
CONTENTS

第一章 懂心理：搞清楚客户的购买动机

不同人群的消费心理大不同　　002
隐藏在购买背后的感官秘密　　007
客户的"马斯洛需求层次"及规律　　012
三分钟找准客户的心理平衡点　　016
别让不确定因素影响客户的购买动机　　019

第二章 找差异：客户的痛点就是卖点

客户的痛点与销售的切入点　　026
从不同的方面刺激客户的痛点　　030
回归产品，分析用户诉求，找到卖点　　034
针对对手弱点，突出自身产品优点　　038
将产品的核心卖点升华为亮点　　044
别与客户谈价格，要谈价值　　047

第三章　明喜好：想要钓到鱼，就要知道鱼吃什么

充分搜集与客户有关的信息　　054

给客户想要的，别给你想给的　　057

每个人都想享有优惠的权利　　061

用产品附加值提高客户的满意度　　066

你给客户面子，客户就会给你单子　　069

有时，服务比产品更能打动客户　　074

第四章　赢信任：有效解除客户的心理防线

用别开生面的开场白吸引客户　　082

向客户传达你是一个负责的人　　087

每个客户背后都有 250 个潜在客户　　093

客户往往喜欢听从"专家"的建议　　100

坦承产品的不完美，换取客户信任　　108

第五章　会提问：在对话中挖掘需求信息

客户为什么不愿说出真心话　　114

善于提问是读懂人心的关键　　118

掌握提问的三个基本要素　　123

因势利导，挖掘客户潜在消费力　　129

有针对性地提问，让客户说出真实需求　　133

旁敲侧击，寻找客户的隐性需求　　137

目录
CONTENTS

连环发问，破解客户的深层需求　　　　　　　　　　142

第六章　细观察：微表情读懂客户的隐心理

微表情是客户心迹的流露　　　　　　　　　　　　　148
他的着装会告诉你他的性格　　　　　　　　　　　　152
透过客户的眼神窥探其内心世界　　　　　　　　　　155
手部动作掩饰不了的真实想法　　　　　　　　　　　161
双臂永远不会简单地放着　　　　　　　　　　　　　164
观察坐姿，判断客户心理状态　　　　　　　　　　　168
从"空间距离"测量客户的心理距离　　　　　　　　171

第七章　善于发现：顺利搞定对方能拍板的人

消费者购买决策的常见路径　　　　　　　　　　　　178
联系人、负责人、拍板人　　　　　　　　　　　　　183
从"较远的距离"弄清目标　　　　　　　　　　　　185
在客户的言谈中发现谁是拍板人　　　　　　　　　　189
全面提升你和决策者会面的能力　　　　　　　　　　193
永远不要忽视客户身边的小人物　　　　　　　　　　196

第八章　巧逼单：让客户果断决定购买

事前的准备是逼单成功的关键　　　　　　　　　　　202
主动出击，寻找逼单的机会　　　　　　　　　　　　205

不同性格的人，逼单方式不同	209
巧言激将，迫使客户说话算数	216
缩小选择范围，让客户早下决定	221
告诉客户机会有限，错过就没有下次	225
以退为进，让客户难以拒绝你的请求	230

第一章

懂心理：搞清楚客户的购买动机

购买动机是客户实施购买行为的原因，它能够反映客户在精神、感情和心理上的需求。在现实生活中，不同的购买动机往往会带来不同的购买行为。此外，在销售活动中，影响客户购买行为的可能不只一种购买动机。因此，身为销售员，在推销产品之前一定要搞清楚客户的购买动机，知己知彼，方能百战不殆。

不同人群的消费心理大不同

现在的销售市场越来越依赖于对客户心理的把握与迎合。"心战为上，兵战为下"已成为推销战争的"心经"。对于销售员来说，关键在于抓住客户的心，了解客户的消费心理。知己知彼，方能百战不殆。了解不同人群的消费心理，是销售员把握客户心理的前提和基础。

客户的消费心理从不同的年龄段来划分，可以分为4种（图1-1）。

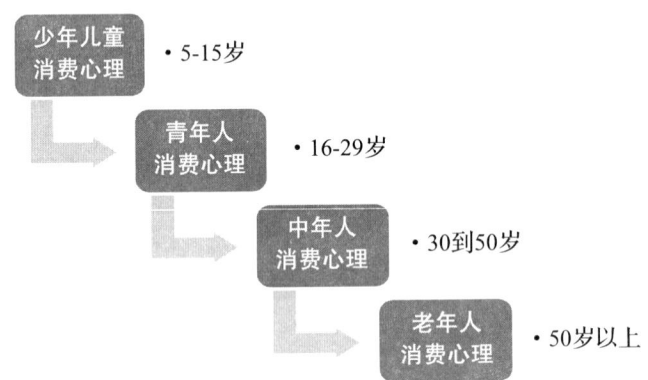

图 1-1　从不同年龄段划分客户的消费心理

少年儿童消费心理

这个年龄段一般在 5～15 岁。通常，这个年龄段的消费者在购买时有以下几个特点。

（1）购买目的明确，购买迅速。少年儿童购买产品大多由父母事先确定，他们决定的自主权十分有限。加上少年儿童缺乏产品知识与购买经验，识别、挑选产品的能力相对较弱，所以，对销售员推荐的产品产生的异议相对较少，购买比较迅速。

(2) 在选购产品时具有很强的好奇心。这个年龄段的消费者其心理活动水平正处于较低的阶段,虽然已经能够进行简单的逻辑思维,但是仍以具体、直观的形象思维为主,对产品的注意与兴趣往往是由产品的外观刺激引起的。因此,在购买产品时,往往不是以需要为出发点,而是取决于产品是否有吸引力。

(3) 容易受群体影响。这个年龄阶段的消费者其购买需要往往是感情型、感觉型,很容易被诱导。在群体互动中往往会相互比较,譬如"谁有什么款式的运动鞋""谁的书包更好看"等,并由此产生购买需要,要求家长为其购买同款式、同类的产品。

(4) 购买产品具有依赖性。由于这个年龄段的消费者缺乏独立的购买能力与经济能力,他们的购买行为大多是由父母包办,所以,在购买产品时具有很强的依赖性。

青年人消费心理

这个年龄段一般在 16 ~ 29 岁。因为青年人是当今社会消费的主力军,所以成为商家争夺的主要目标。对于销售员来说,了解青年消费者的消费心理特征尤为重要。通常来说,青年消费心理具有以下几个特征。

(1) 表现自我、体现个性。这个年龄段的消费者自我意识很强,做任何事都想表现出自我个性,反映到消费行为上就是喜欢购买一些具有特色的产品,这些产品能够体现自己的个性特征。

(2) 追求时尚、新颖。这个年龄段的消费者思维相对较活跃,喜欢冒险、富于幻想。这些特点反映在消费心理上就是追求时尚、新颖,喜欢购买一些新产品,喜欢尝试新生活。

(3) 重感情、容易冲动。这个年龄段的消费者对事物的分析、判断能力还不太成熟,兴趣爱好、思想感情还不太稳定,所以在处理事情时往往很容易感情用事。这种特点反映在消费行为上就是很容易产生冲动型购买，只要自己喜欢，就一定会迅速作出购买决策。

中年人消费心理

这个年龄段一般在 30～50 岁。通常而言，这个年龄段的消费者其心理相对较成熟，个性表现相对较稳定，在处理事情方面相对较理智。这一心理特征在购买行为中有以下表现。

（1）购买有主见，不易受外界影响。这个年龄段的消费者其心理特征决定了他们做事很有主见，对产品鉴别能力很强，愿意挑选自己喜欢的产品，对于销售员的介绍有一定的分析、判断能力。

（2）理智大于冲动。这个年龄段的消费者不易冲动，表现在购买行为中不易受产品的外观因素所影响，相对较注重产品的性能和质量，通常会经过分析、比较之后才会做出购买决定，很少有冲动购买的行为。

（3）计划多于盲目。这个年龄段的消费者在购买产品前会对产品的价格、品牌、性能乃至购买时间、地点都会做妥善安排，从而做到心中有数，很少有计划外的开支、即兴购买。

（4）注重产品的便利。这个年龄段的消费者更加注重其他消费者对该产品的看法，喜欢购买易于被接受、大众化的产品。

（5）求实、求俭心理较强。这个年龄段的消费者更关注产品的结构是否合理，是否经济实用，是否方便。而产品合适的价格、实际效用以及较好外观的统一，是引起这个年龄阶消费者购买的动力。

老年人消费心理

这个年龄阶段一般在 50 岁以后。身为销售员，还必须注重分析老年人的消费心理特征。通常，这个年龄段的消费者具有以下几种消费心理特征。

（1）精打细算。这个年龄段的消费者往往会按照自己的实际需求去购买产品，对产品的价格、质量、品种、用途都会详细了解，不会盲目购买。

（2）追求便利。对于这个年龄段的消费者来说，他们通常行动不便，在购买产品时希望不用花太多的时间，且比较方便。

（3）购买有主见，不受外界影响。这个年龄段的消费者在消费时大多会有自己的主见，他们会凭着自己的经验去购买产品。即便听了销售员的介绍，他们也会先进行分析，判断自己是否需要购买这种产品。

（4）富于理智。老年消费者大多会以理智来支配自己的行为，因此，他们在购买产品时相对较仔细，不会像年轻人那样冲动。

（5）对品牌忠诚度较高。这个年龄段的消费者在购买产品时具有保守和怀旧心理，他们对于曾经使用过的产品或者品牌印象比较深刻，而且十分信任。

客户的消费心理从性别来划分，可以分为两种（图1-2）。

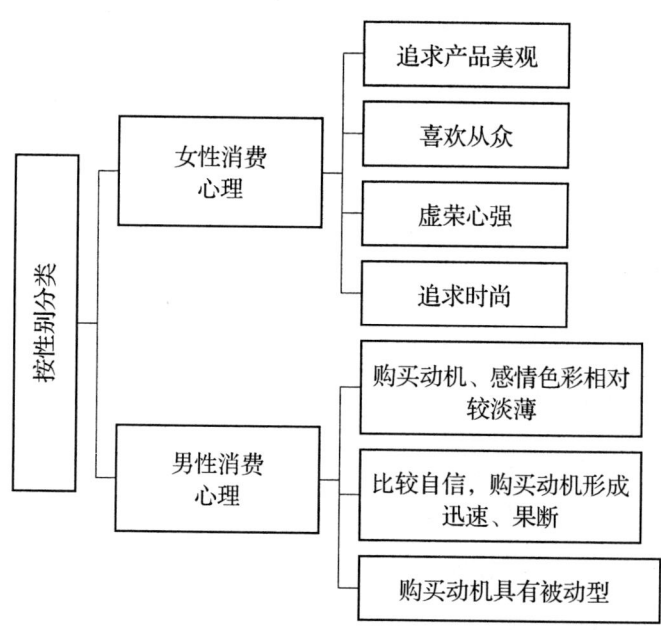

图1-2　从性别划分客户的消费心理

女性消费心理

身为销售员，要充分重视女性消费者的重要性，挖掘女性消费市场。通常，女性消费者具有以下消费心理。

（1）追求产品美观。女性消费者往往比较重视产品的外观，将外观和产品的价格、质量当成同样重要的因素来看待。所以，她们在挑选产品时往往更加重视产品的样式、色彩。

（2）喜欢从众。女性往往具有相对较强烈的感情特征，表现在产品消费中主要使用情感支配购买行动和购买动机。她们往往会受同伴影响，喜欢购买和别人一样的产品。

（3）虚荣心强。对于女性消费者来说，购买产品除了满足基本需求外，还会为了显示自己的社会地位。在这种心理的驱使下，她们往往不太注重产品的实用性。

（4）追求时尚。尽管不同年龄段的女性具有不同的消费心理，但她们在购买产品时往往首先想到的是产品是否符合时代潮流。譬如，她们通常喜欢包装华丽、造型别致、气味芬芳的产品。

男性消费心理

通常而言，男性消费者具有以下消费心理。

（1）购买动机、感情色彩相对较淡薄。男性消费者在购买产品时的心理变化不如女性强烈，他们往往会把幻想看作未来的现实。因此，其购买动机形成后往往稳定性相对较强，购买行动也相对较有规律。

（2）比较自信，购买动机形成迅速、果断。男性与女性的个性特点主要区别之一就是具有较强的自信。他们善于控制自己的情绪，在处理问题时能够权衡利弊，会从大局着想，不喜欢花太多时间去挑选、比较产品的好坏。

（3）购买动机具有被动型。许多男性消费者在购买产品时会事先了解所要购买产品的规格、样式、品名等，如果产品符合要求，那么就会采取购买行动，否则就不会购买。

总而言之，销售员要熟练并掌握不同人群的消费心理，从而采取合理、有效的销售措施，促使销售成功。

隐藏在购买背后的感官秘密

美国著名的营销专家 E. S. 刘易斯曾提出客户消费的 AIDMA 法则，总结了客户在购买产品前的心理过程。他认为，客户在购买产品的过程中，遵循这样一个流程：Attention（引起注意）、Interest（产生兴趣）、Desire（唤起欲望）、Memory（留下记忆）、Action（购买行动）。在营销行业与广告行业中，AIDMA 法则经常被用来解释消费心理过程。在传统的营销环境下，销售员通常会依据这一法则来进行一些广告营销，以刺激客户的购买欲望。

在移动互联网高速发展的时代，客户的主动意识越来越强烈，喜欢主动去获取产品的相关信息与认知。因此，传统的AIDMA法则对于销售员来说已经失去了指导意义。电通公司针对互联网和无线应用时代消费者生活形态的变化，提出了一种全新的消费者行为分析模式，即 AISAS 消费行为模式（见图1-3）。

图1-3 AISAS 消费行为模式

客户在被某件产品吸引，从而产生兴趣后，会通过互联网进行购买，使用后还会将自己的消费体验分享给身边的朋友，为产品带来更多的客户。在这种消费模式下，客户越来越重视感官上的体验。于是，客户开始抛弃各种各样的广告，投入到产品带给他们的感官体验中进行消费，感官营销已逐渐引领消费大趋势。

所谓的感官营销，指的是利用消费者的感觉并影响他们的购买行为。简单地说，就是利用人的五感，即"听觉""视觉""触觉""味觉""嗅觉"，展开以"声"动人、以"色"动人、以"味"动人、以"情"动人的体验式情景销售。从本质上来说，感官营销是产品的大卖点，是体验营销与传统营销相结合的一种新的营销模式。

运用感官营销最典型的代表就是星巴克。当你走进星巴克，显眼的绿色美人鱼商标、墙上的时尚画、悬挂的灯、摆放的艺术品给人以视觉体验；浓浓的咖啡散发出诱人的香味以及顺爽的口感给人味觉和嗅觉的体验；柔软舒服的沙发和与众不同的大杯子，给人以触觉体验；独有的音乐以及磨咖啡的声音，给人一种亲切的听觉体验。各种感官交织在一起，给客户极致的感官体验，品牌顿时深入人心。

在传统的营销模式中，采用的通常是"二维"感官营销。所谓的"二维"感官营销，指的是销售员利用产品的广告信息，或者是通过向客户进行口头介绍产品的方式来推销产品。而互联网时代的感官营销则强调调动客户的多种感官体验，让客户在消费的过程中得到全方位的感官满足，使其最大化接受某一款产品，在一定程度上弥补了"二维"感官营销的不足。这种种的迹象表明，感官营销将成为战略营销的一大趋势。

五感是如何引导人们消费的

美国密歇根大学罗斯商学院阿瑞娜·克里希纳教授曾提出"感官印

记"的概念。她认为,如果某种特定的感官体验能够让消费者立刻联想到某一个品牌,那么,这个品牌就成功地塑造了一种"感官印记"。

销售员可以向客户有效传达产品的感官卖点,譬如产品的颜色、手感、味道等,从而改变客户对产品的功效、特征、质量等方面的感知和消费行为。换句话说,就是销售员可以通过给客户提供一种全新的感官体验,让客户下意识地被影响。那么,感官卖点是如何作用于客户的意识,从而影响客户对产品的考量的呢?

消费者通过和外界环境进行信息、物质交互,当外界环境不断地刺激消费者的感官,从而形成了知觉,而知觉对于消费者的认知、情绪都会产生巨大的影响,进而影响到消费者的最终决策以及购买体验。逐个来说,"五感印记"分别具有以下特点。

(1) 听觉感官营销。譬如人声、音乐、产品声音、广告音乐、环境声音,等等。美国著名的营销专家马瑟斯博在其著作《消费者行为学》中做过一项有关于实体商店背景音乐对客户营销的影响调查(图1-4)。

变量	快节奏音乐	慢节奏音乐
服务时间	29分钟	27分钟
客户用餐的时间	56分钟	45分钟
没落座就离开的客户	10.5%	12%
客户购买的食品数量	55.81美元	55.12美元
客户在酒吧购买的食品数量	30.47美元	21.62美元
估计毛利	55.82美元	48.62美元

图1-4 实体商店背景音乐对客户营销的影响

(2) 触觉感官营销。触觉是五感中最本质的,也是最直接的。从营销的角度来讲,消费者的触觉感官可以体现在三个方面,即产品触觉、环境触觉和人际触觉。消费者对产品的触觉、对环境的感知,销售员与消费者间的社交关系，他人对产品的评价等，都会对消费者的心理产生一定的影响，使消费者对产品的认知发生变化。

当产品对消费者形成了触觉印记时，消费者凭着触觉就能够判断出该产品的技术含量与质量，进而推断出其品牌的特质。

(3) 视觉感官营销。人类所获取的信息当中，有80%以上是通过视觉获得的。在营销的过程中，消费者可以通过感知产品的颜色、环境亮度、空间或者购物产生等视觉特征，从而进行感知、分析并评价，进而影响到其最终的购买决策。

譬如，茅台酒的华贵包装正是其高档次、高贵的体现；农夫山泉的运动瓶盖以及"收腰"瓶身彰显了它的运动个性，这些视觉体验增加了消费者的购买系数。

(4) 味觉感官营销。味觉体验其实是一个综合性的感官，它除了要依靠味蕾，还要依靠嗅觉与触觉。英国牛津大学的研究显示，人们会把起舞和特定的物品或者经验联想在一起。老干妈可谓是味觉营销中的佼佼者，在品牌名称里，强调了"妈妈的手艺"，尽管妈妈们做的酱并不一样，但是勾起了消费者记忆中妈妈做的酱的味蕾，自然而然更愿意去购买。

(5) 嗅觉感官营销。在人类全部的感官中，嗅觉是最宁安的，同时也是与记忆、情感联系最密切的感官。科学证明，每个人的鼻子能够记忆1万种味道，而嗅觉记忆的准确度往往比视觉要高出很多。

克里希纳教授认为，嗅觉信息的运转机制是直接与记忆相连接，这和其他的感官都不相同。国际品牌大师马丁·林斯特龙曾指出："人们的情绪75%是由嗅觉产生。人对照片的记忆往往在三个月后就只剩下50%，但是回忆气味的准确度却高达65%。"北美BOSS在广告中植入"男人的味道"，并将这句广告语与店内魅力张扬的男性香味融为一体，北美BOSS的销售额因嗅觉营销一下子得到了大大提升。

第一章
懂心理：搞清楚客户的购买动机

整合消费者的五官，引爆营销的多米诺效应

现代心理学、生理学的研究表明，人们接触到的外界信息当中，有83%以上是通过眼睛获取的，有11%是要借助听觉，3.5%主要依赖于触觉，剩下的则是源于嗅觉和味觉。据调查，人们平均每天会接收到5000条产品信息，但是只有1%左右的信息会留存在当天的记忆里，然而一周之后，人们往往只记得万分之一的信息。

在传统的品牌营销中，销售员注重的是以视觉与听觉来传达自身品牌的卖点。如果想要强化消费者对于品牌卖点的记忆或者感知效果，就必须整合消费者的五感，充分激活消费者头脑整体的情感、认知与记忆，从而引爆营销的多米诺效应。

下面，我们以上海的新型购物品牌K11（K11是全球首个率先将人文、自然、艺术三大核心元素融合，将人文体验、自然环保、艺术欣赏完美结合与互动，带出自由、个性化以及无限创意的生活购物品牌，为广大消费者带来了前所未有的感官体验）为例来具体说明。和主流的购物中心相比，上海K11购物艺术中心虽然只有3000多平方米的体量，但是它在消费者的感官体验方面，可谓是做到了极致，为市民以及旅客带来了前所未有的、独特的五官享受。

从听觉营销的角度上来说，上海K11购物艺术中心的每一个楼层里都配合业态安装了音乐系统。一楼属于国际品牌，其背景音乐主要是经典音乐；在年轻人的楼层，主要是欢快的流行音乐；在餐饮楼层，是能够让客户胃口大开的音乐；在一楼的中庭广场，则是大自然的音乐。在不同的楼层，消费者可以听到不一样的音乐。

从视觉营销的角度上来说，上海K11购物艺术中心内所有的商家门口、楼层以及各个通道口都摆放了艺术品，每一个楼层都有国际潮流品

牌。在商场内的每一个楼层，都安排了专业的导览员，客户从进来的那一刻起到离开商场，可以跟着专业导览人的讲解来设计自己的行动路线，还可以自己用地图来导航艺术路线。

从嗅觉营销的角度上来说，上海 K11 购物艺术中心内有自己专属的香草味道。为此，K11 购物艺术中心曾专门做过一个调查。调查显示，大多数的女性更加喜欢这种好闻的味道，并且这种味道能够让消费者在商场停留更长的时间，这无形之中为 K11 购物艺术中心赢得了更多营销机会。

从触觉营销的角度上来说，上海 K11 购物艺术中心打造了互动艺术乐园，让消费者有更多互动体验的地方。譬如，客户可以在复古照相馆里拍一些复古照片，等等。上海 K11 购物艺术中心内有很多的艺术品都是客户可以直接去触摸的。K11 购物艺术中心还会定期举行免费的艺术展览、艺术沙龙、艺术工作坊等活动，构建艺术和大众互动的桥梁。客户可以欣赏到不同的、本地艺术作品以及表演，在这种互动的体验中，感受到艺术的氛围，从而流连忘返。

从味觉营销的角度上来说，上海 K11 购物艺术中心在餐饮招商方面引进的都是全球第一次进入中国的全新品牌，能够让客户品尝到优质的环球美食，这给客户带来不一样的味蕾体验。

客户的"马斯洛需求层次"及规律

马斯洛需求层次理论也称为"基本需求层次理论"，是由美国著名的心理学家亚伯拉罕·马斯洛于 1943 年在《人类激励理论》论文中提出的，属于行为科学理论的一种。马斯洛需求层次理论将人们的需求由低到高分成了 5 种（图 1-5）。

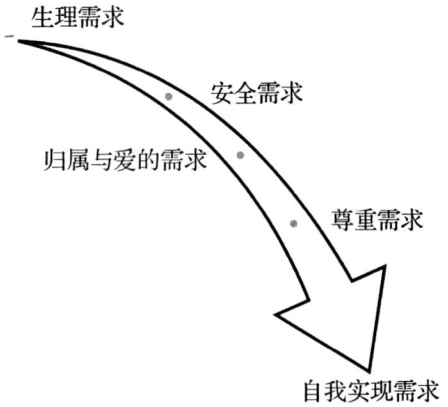

图 1-5　马斯洛需求层次理论

生理需求

这是人类维持自身生存最基本的要求，其中包括对水、呼吸、食物、生理平衡、睡眠、分泌等事物的需求。如果这些需求得不到满足，人类的生理机能就没办法正常运行。简单得说，就是人类的生命会因此受到威胁。

从这个意义上来说，生理需求是推动人们行动最关键的动力。马洛斯认为，人们最基本的需求满足到维持生存所必需的程度之后，那么，其他的需求才能成为新的激励因素。

安全需求

这是人类对健康保障、人身安全、家庭安全、道德保障、工作职位保障、财产所有性、资源所有性等事物的需求。

马斯洛认为，人类的整个机体是一个追求安全的机制，人们的效应器官、感受器官、智能以及其他能量主要是寻求安全的工具，甚至可以将科学与人生观都可以看成是满足安全需要的一部分。当这种需求相对被满足后，也就不再成为激励因素了。

归属与爱的需求

这一层次主要包括对亲情、爱情、友情等事物的需求，人们都希望得到他人的照顾和关心。而感情上的需求往往比生理上的需求更加细致，它与一个人的经历、受教育程度、生理特性、宗教信仰等都有密切的关系。

尊重需求

该层次主要包括对成就、自我尊重、被他人尊重、对他人尊重、信心等事物的需求。人们都希望自己有稳定的社会地位，希望自己的能力和成就能够得到社会的承认。

一般情况下，尊重的需求可以分成内部尊重与外部尊重。所谓的内部尊重，指的是一个人希望在各种不同的情境中能胜任、有实力、充满自信、能够独立自主。换句话说，内部尊重就是人们的自尊。外部尊重指的是一个人希望有威信、有地位，受到他人的信赖、尊重和高度评价。

马斯洛认为，当人们的尊重需要得到满足后，能够使人对自己充满自信，对社会充满激情，体验到自己活着的价值和用处。

自我实现需求

该层次包括对自觉性、道德、创造力、接受现实能力、解决问题能力、公正度等事物的需求。这是最高层次的需要，它指的是实现抱负、个人理想，发挥个人的能力到最大程度，从而达到自我实现的境界。能够接受自己和他人，增强解决问题的能力，善于独立处事，提高自觉性，要求不受到他人打扰的独处，从而完成与自己能力相称的一切事情的需要。换句话说，就是人们必须干称职的工作，这样才能够使他们感受到最大快乐。

马斯洛认为，满足自我实现需要所采取的途径是因人而异的，自我实现的需要是在努力实现自己的潜力，让自己越来越成为自己所期望的人物。

马斯洛提出人的需要是由低级向高级发展的过程，这在某种程度上是很符合人类需要发展的一般规律。马洛斯需求层次理论还指出，人在每个时期都有一种需要占主导地位，而其他需要处于从属地位。一个人从出生到成年，其需求的发展过程基本是按照马斯洛所提出的需求层次进行的。

每一个需求层次上的消费者对于产品的要求都不一样，不同的产品满足不同的需求层次。根据这5个需求层次，可以划分为5个消费市场。

（1）生理需求：满足最低需求层次市场，消费者只要求产品具备一般功能即可。

（2）安全需求：满足对"安全"有需求的市场，消费者更关注的是产品对身体的影响。

（3）社交需求：满足对"交际"有需求的市场，消费者往往关注的是产品是否有助于提高自己的交际形象。

（4）尊重需求：满足对产品有与众不同需求的市场，消费者更关注产品的象征意义。

（5）自我实现需求：满足对产品有自我判断标准需求的市场，通常，消费者拥有自己喜欢的固定品牌。需求层次越高，消费者就越不容易被满足。

客户的"马斯洛需求层次"的规律

每个人都潜藏着这5种不同层次的需求，但是在不同的时期，所表现出的各种需求迫切程度不同。人的需求是从外部得到满足逐渐向内部得到满足的转化过程，人最迫切的需求是激励人行动的主要动力和原因。

在低层次的需求得到满足后，它的激励作用就会大大降低，其优势地位也不再保持下去，而高层次的需求则会取代它成为推动人行动的主要原因。有些需求一旦被满足后，便不能够成为激励人们行动的起因，于是就会被其他的需求所取代。

在商品日益同质化的时代，人们的基本需求在得到满足后，会渴望更高层次的需求。通常情况下，高层次的需求往往要比低层次具有更大的价值。人们的热情是由高层次的需求激发的，人们的最高层次需求及自我实现就是以最有效与最完整的方式表现自己的潜能，唯有此才能够让人得到高峰体验。

马斯洛需求层次应用到销售活动中也是如此。人们的各种基本需求在一般人的身上通常是无意识的，对于个体来说，往往无意识的动机要比有意识的动机更加重要。

在特定的时间内，人们可能受到各种各样需求的激励，任何人的需求层次都会受到自身差异的影响，并会随着时间的推移发生变化。身为销售员，要清楚地知道客户的马洛斯需求层次及其规律，在推销的过程中，运用适当的技巧，将客户无意识的需求转变成有意识的需求。

三分钟找准客户的心理平衡点

当我们在咖啡厅喝咖啡时，往往会遇到这样的情况：服务员会问是选择大杯、中杯还是小杯。小杯价格10元，中杯价格12元，大杯价格18元。从实惠的角度来说，小杯是最适中、最好的选择。对于一般的消费者来说，小杯的咖啡基本上就可以满足需要了。

但是，在实际生活中，消费者在面对这三种选择时，往往会毫不犹豫地选择中杯。在其他两杯的比较下，消费者通常会产生一种心理暗示，反而违背了自己最真实的需要，潜移默化地引起了消费者心中的中庸之道，这便是消费者在选购产品时出现的"中庸智慧"。换句话说，就是为求心理平衡。

很多消费者在购买产品时都有这种情结，特别是在大小、颜色、价格等方面比较折中的产品更加受消费者欢迎。在产品的价格以及性能上追求折中，有些消费者甚至为了让自己的心理得到平衡，其真正的需求都可以稍微降低一些。譬如，消费者通常都是购买高科技产品，在特别需要的情况下才会去购买尖端科技产品。其原因在于尖端科技产品的价格太昂贵，已超出了大众的消费能力。

消费者一般不会在产品的性能上太过较真，而是会把注意力放在产品的价格上，在价格上追求心理平衡，从而忘记了自己最初的需求点。就像上面列举的咖啡的例子，大杯、中杯和小杯三者在成本上的差距不大，但是有着极大的价格悬殊。而这种价格上的悬殊最终使消费者的注意力发生了变化，消费者购买的焦点主要集中在咖啡的价格上，心理上就会感觉价格折中最为实惠。所以，消费者通常会选择中杯，以寻求心理上的平衡。

另外，消费者在购买产品时往往会掺杂很多情感因素。产品太贵不舍得买或者没有能力承受，如果买太差又担心销售员会暗地嘲笑自己的寒酸。因而，在购买产品时往往会选择中等的，以求心理的平衡。

消费者心中的中庸情结

中庸是古代儒家思想中最重要的思想之一，讲求的是不走极端，比较折中的处事态度。受儒家思想的影响，人们在购买产品时，通常情况下还是讲究实用、适中，往往会选择中等的产品，既不寒酸，也不张扬。我们以家用车凯越为例来具体分析一下。

在中国很多地区,出租车市场主要有捷达与桑塔纳,家用车市场只有凯越是完全凭借自己的实力杀进前三甲的。从这个角度来讲,凯越成为了家用车的领头羊。这并不是一个偶然佳绩,凯越自上市以来,短短两年间就成为了上海通用的中流砥柱。凯越究竟是凭借什么笼络了中国消费者的心呢?

消费者在购买凯越时的购买心理主要有以下几点(图1-6)。

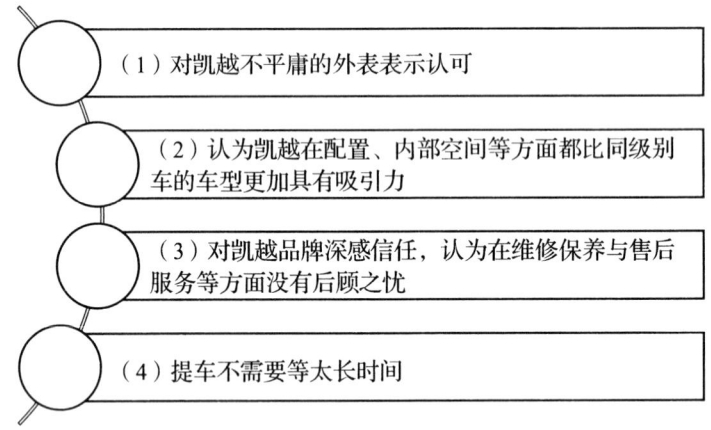

图1-6　消费者购买凯越时的4种购买心理

可以说,凯越品牌在中国不仅家喻户晓,还得到了中国消费者的认可与信赖。凯越车型准确地切中中国市场的脉搏。从车型的外观来看,凯越十分符合中国消费者,落落大方,恰当好处;从车型的配置与内部空间来看,多配置、空间大能够满足中国消费者对"实用"的需求;和同级别车型相比较,其性价比也更有竞争力。

将产品加以区分,用价格差距来引导消费者消费

针对消费者这种心理,销售员在推销自身产品时可以有意识地将产品分

为不同等级，用价格差距来引导消费者消费，同时激发消费者的中庸思想。

一项实验表明，如果有三个选项A、B、C，并且A优于B，B优于C，那么，人们往往会选择B，放弃优势很明显的A。由于A的强势与C的烘托，B的魅力就会大大增强。

这种方法在销售活动中也很受用，销售员可以运用这种方法根据自身产品的情况将其分为三个不同等级来进行推销。这种方法能够引导、促使更多的消费者消费，从而能够让自己的利润增加。与此同时，还不会让消费者产生价格抵触心理。

另外，将产品分为不同的等级可以满足不同等级的消费者。因为，每一个消费群体的消费水平都是不一样的，销售员要针对产品面向的群体，开发属于每一个消费群体的"中杯消费品"。这样做不仅可以扩大市场，还能够大大提高产品的购买率，一举两得。

别让不确定因素影响客户的购买动机

购买动机指的是为了满足一定的需要而引发人们购买行为的意念或者愿望。消费心理学认为，一个人在一定的环境刺激下就会产生需求，需求产生购买动机，然后又由购买动机激发人的购买行为，其基本模式是：需求——动机——行为。

在现实生活中，消费者的购买行为往往都是由购买动机引发的，而购买动机又是由人的需要而产生的。譬如，渴了要喝水，饿了要吃饭等，这就是人的需求产生动机，动机引起行为的表现，离开需要的动机是不存在的。但是，并不是所有的需要都能够表现为购买动机，而是需要具备一定的条件，主要表现在两个方面。

第一，只有当需要的强度达到了一定程度之后，才能够引发动机，进而推动人的某种行动。人的需求是多方面的，但是由于客观条件的限制，这些需要不可能同时获得满足。对于消费活动来说，只有那些占主导地位、强烈的消费需要才能够引发购买动机。

第二，需要产生后，还必须要有能够满足需要的条件和对象，才能够产生购买动机。譬如，有的消费者想要购买一款高级轿车，但是这种车属于国家领导接待车，在市场上并不是有钱就可以买到的，对于一般消费者来说，也就不会产生购买这种车的动机。

购买动机的基本类型

消费者的购买动机是复杂多样的，从大方面来看，主要有生理性购买动机与心理性购买动机。生理性购买动机指的是由生理的、先天的因素引起的，为维持、满足、延续与发展生命等需要而产生的购买动机；心理性购买动机指的是由后天的晋升需要或者社会性所引起的为了满足、维持社会生活，进行社会交际和社会生产，在社会实践中实现自我价值等需要所产生的购买动机。具体来说，消费者的购买动机主要有以下几种（图1-7）。

图1-7 购买动机的基本类型

第一章
懂心理：搞清楚客户的购买动机

求实动机

这是以注重产品或者服务的实际使用价值为主要目的的购买动机。消费者在购买产品或者服务时，十分重视产品的实际效益，讲求经济实惠，而对产品的商标、外观等不太重视。通常情况下，消费者在购买日用品、基本生活资料时，求实动机比较突出。

求新动机

这是以注重产品的时尚、新颖、奇特为主要目的的购买动机。消费者在购买产品或者服务时，很重视产品的造型、外观及包装等。由于追求时髦、新奇、与众不同，在购买时受社会环境、潮流导向以及广告宣传的影响很大。通常，具有这种购买动机的消费者往往观念更新相对较快，更容易接受新观念。

求美动机

这是以注重产品的艺术价值和欣赏价值为主要目的的购买动机。消费者在购买产品时更重视产品对其身体的表现作用，对环境的装饰作用、对人体的美化作用和对人精神生活的陶冶作用，追求产品的美感所带来的心理享受。在购买时往往受产品的色彩、款式、造型以及艺术欣赏价值的影响较大，这样的消费者通常文化素质、生活品味较高。这种购买动机的形成主要是因为人们生活水平的提高和休闲时间的增加，越来越多的人注重求美的动机。

求名动机

这是一种以仰慕某种传统的名望或者追求名牌产品为主要目的的购买动机。消费者对产品的商标、商店的牌号等相对较重视，喜欢购买名牌产品。一般而言，消费者在购买产品时受广告宣传和产品的知名度等因素影响较大。通常情况下，青年人以及收入水平较高的人常具有这种购买动机。

求廉动机

这是以注重产品或者服务价格低廉，希望花较少的钱获得较多的物质利益为主要目的的购买动机。消费者在购买时往往不太看重产品的外观造型，而受优惠价、处理价、清仓价的驱使对产品的认识以及价值观等因素的影响较大。一般而言，这类消费者的收入水平相对较低或经济负担较重。

影响购买动机的因素

由于消费者的职业、身份、文化程度以及年龄的不同而造成购买行为的不同，归根结底，影响消费者购买动机的因素主要有以下几种（图1-8）。

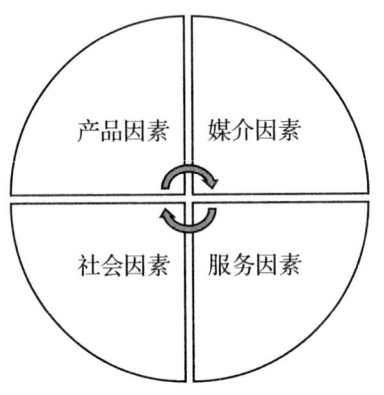

图1-8　影响购买动机的因素

产品因素

产品是满足消费者物质以及精神需要的基础，它直接刺激消费者的感官并给予消费者直观印象，是影响消费者购买动机的主要因素。产品因素主要有两个方面，一方面是产品的质量，另一方面是产品的价格。

产品的生命是质量，它是产品的最基本要求。产品的质量好就能够促使消费者的购买动机增强，那么产品就很有可能会成为畅销品；反之，产品的质量不好则会滞销。

产品价格高会抑制消费者的购买欲望；相反，产品的价格低则可以诱起消费者的购买欲望。譬如，由于市场竞争日趋激烈，近几年来，很多品牌产品以各种各样的名义加入以赠送礼品、打折等作为主要促销手段的产品行列，从而吸引了收入不高的消费者，使促销后的产品售出率大大提高，这充分说明产品价格对消费者购买动机有一定的影响。

消费者既求物美，又求廉价、质价需相称，两者缺一都会对消费者失去吸引力。因此，身为销售员，在向客户介绍产品时应以满足客户的心理需求为中心，重点突出产品的使用价值。

媒介因素

媒介指的是从商业的角度引导或者介绍买卖双方发生关系的人或者物。通过人或者物等各种形式的广告将有关产品、服务的知识与信息传递给消费者，从而吸引更多的注意力，使其对产品产生兴趣，从而刺激其购买欲。

通常，产品的陈列与展示对客户的购买动机也起到了一定的影响，可以直接刺激客户的感官，譬如听觉、视觉、触觉、味觉、嗅觉。通过陈列与展示，能够充分地显示出产品的性能、具体形象、用途等，从而让客户产生购买动机。

销售员在向客户介绍产品时，可以利用一些广告宣传，譬如电视、海报、电影、报刊等向客户进行产品的宣传，刺激客户的购买动机。

服务因素

服务因素指的是服务上能够引起消费者产生特殊的偏好、感情与信任，使其习惯于前往该店铺购买，或者吸引一些消费者慕名前来购买的因素，这种行动的驱使主要来源于销售员的服务。譬如，销售员正确的礼仪规范，如态度热情、服务主动、耐心周到等，能够使客户感受到再次购买时的愉悦、舒心；销售员专业的产品知识与良好的服务技巧能够让客户真正了解到产品及其价值，让客户觉得买得放心。

因此，身为销售员，要拿出百分之百的热情来服务客户，利用自己专业的产品知识向客户介绍自己的产品，适应客户心理活动的特点，满足客户的心理需求。

社会因素

不同的客户由于性别、年龄、职业、名族、城乡等差异以及受兴趣爱好、生活习惯与个人性格因素的影响，在对同一件产品的选购过程中往往会表现出不同的心理差异。譬如，老年客户喜欢购买用惯了的产品；中年客户喜欢已经被证明其使用价值的新产品；青年客户喜欢购买潮流产品；男客户在购买产品时相对较理智，往往是有目的地购买；而女性客户的购买动机相对比较灵活、主动，易受外界因素的影响，等等。

因此，身为销售员，在向客户提供优质、高效的服务时，除了要掌握客户的购买动机外，还需要了解形形色色的客户在购买时的心理特征，从而让自己的销售服务更能够迎合客户的需求心理。

第二章

找差异：客户的痛点就是卖点

人们之所以有各种各样的需求，是由于太多欲望没有得到满足，对生活中太多的问题产生不满。客户的痛点是一切销售的诱因，身为销售员，不仅要关注客户的需求，找到客户的痛点，更要根据客户的痛点找到自身产品的卖点。

客户的痛点与销售的切入点

营销领域有三个关键词，分别是痛点、痒点、兴奋点，这三个词不仅仅是一切营销的诱因，还是一切产品和商业的根本策动点。在销售活动中，如果你的产品核心价值没有指向任何一个关键词，那么，你的推销工作就毫无实质意义！

所谓的痛点，指的是客户在生活中所担心的、纠结的、不方便的、身心健康的问题，我们称之为客户的痛点。痛点所对应的往往是消费者衣食住行上的需求，冷了要穿衣服、饿了要吃饭、困了要睡觉，等等。

如果说痛点是客户必须要解决的问题，那么，痒点就是消费者"想要"得到的产品、"想要"解决的问题、"想要"享受的服务。当然，并不一定要得到，但是他们一旦听说或者看到这样的服务和产品，就会特别感兴趣、特别向往，想要拥有，渴望享受它们。

兴奋点即产品的差异化卖点，简单地说就是与同类产品相比，你的产品所体现的差异化特色。销售员只需要将这些差异化特色呈现在消费者面前，便会让他们热血沸腾，迫不及待地想去购买。

任何产品或者服务的诞生都是基于客户的痛点，身为销售员，你为客户介绍你的产品或者提供服务，无疑是为了解决客户的痛点与需求。那么，客户的痛点与销售之间到底存在什么样的联系呢？

人们花钱的两个方向

痛点产生的根源在于消费者日益增长的物质文化需要和生产者、服务者提供的不够完善的产品、服务间的矛盾，是消费者在使用产品或者享受服务的过程中更高、更挑剔的需求。这种基于痛点的需求只是客户需求的一个方向。需求是有层次之分的，一般情况下，消费者的需求主要表现在两个层面："止疼型"需求和"愉悦型"需求。

通常，人们由于明显的不适、痛苦、难受、紧急就会产生一种需求，于是迫切渴望出现一种产品或者服务能够解决问题。譬如，生病时，人们需要药物；饥饿时，人们需要食物；寒冷时，人们需要衣物；无聊时，人们需要娱乐等，这类需求很急迫，我们称之为"止疼型"需求。

"愉悦型"需求指的是产品在满足消费者的基本需求外，还能够给消费者带来强烈的满足感、自豪感，甚至能够为消费者笼罩一层高人一等的自信和光环，这是"极致产品或者服务"之于"普通产品或者服务"而激发的需求。

还有一种情况属于刚性之外的需求，指产品或者服务对于消费者来说，是一种可有可无的消费，即使不消费，也不会带来不适和痛苦，不过一旦消费，就能够给自己带来享受感和愉悦感。譬如，人们对各种娱乐项目的需求，如演唱会、电影院、音乐会、KTV、游乐场所等带给消费者的愉悦体验。而"止疼型"需求和"愉悦型"需求所对应的恰恰是消费者花钱消费的两个方向（图2-1）。

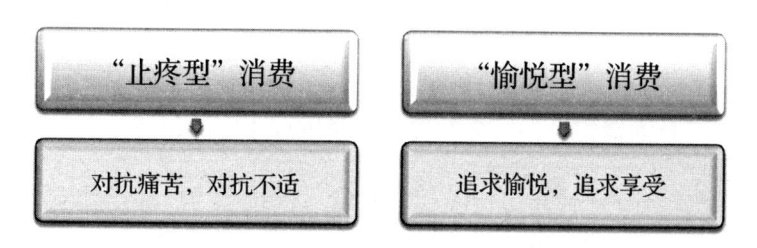

图 2-1 人们花钱的两个方向

试想一下，用户在面对各种琳琅满目的产品与五花八门的服务时，莫不是由于这两种需求，又怎么会选择花钱买账？

需求与用户的痛点

如果客户有痛点，销售员发现了客户的痛点并为其提供了去痛的产品，那么，是否意味着客户就一定会购买你的产品呢？

未必！为什么呢？一个很简单的问题，客户为什么要付款？是因为他们有需求！那么，为什么会有需求呢？是因为他们有麻烦或者问题要解决！有麻烦或者问题就一定会产生需求，产生购买吗？不一定！譬如，某人身材很胖，她就一定有减肥的需求吗？一定会花钱去减肥吗？不一定。

那么，怎样才能让客户的问题或者麻烦转化为实际需求，并付诸购买行动呢？其实很简单，只有在客户不变的痛苦（现实中的烦恼）超过了改变中的痛苦（付出了合理成本）时，其潜在的需求才能够转化为实际购买的行为。

因此，销售员要明白一点，有了问题，客户才会产生痛苦。当痛苦足够大时，才会产生需求。产生需求后，只有想要的产品足够好或者服务的性价比足够高，客户才最终会去购买。

接着前面的案例，某个人身材很胖的人。在什么情况下她才会去消费呢？譬如，她正在相亲，很多相亲对象都不满意她的肥胖而拒绝她，她再不减肥就很有可能误了终身。那么，这种情况下，她很有可能会去购买减肥产品。

所以，身为销售员，只会发现问题是远远不够的，还要学会利用问题去创造痛苦、扩大痛苦，在客户面前渲染一些常见的痛苦场景。你给客户造成的痛苦越大，销售的效果就会越明显，客户就越会迫不及待地去消费。

销售的机会：找准客户的痛点，解决它

"滴滴打车"自上线来就不断地更新其业务模式，如滴滴专车、滴滴

快车、滴滴顺风车、滴滴拼车、滴滴代驾等等,每一个新业务模块上线后,都能够迅速打开市场,深受广大用户的欢迎。其营销成功的原因很简单,就是戳中了人们日常出行打车难的痛点。

在互联网时代,发现客户消费中的痛点其实并不难,难的是找准客户的痛点,深挖痛点,因为并不是每一个痛点都对应着有价值的市场机会。找准客户痛点只是第一步,销售员要结合自身产品的优势提供相应的"止痛"方案,并把这种"止痛"方案成功地推销出去。

那么,销售员如何找准客户痛点并解决它呢?通常有三个步骤(图2-2)。

图 2-2 销售员找准客户痛点并解决的三个步骤

第一步:诊断客户痛点。其实,对于销售员来说,真正有价值的是用户的所感所惧。诊断客户的痛点,最终目的是为了满足客户的需求、销售自身产品。站在客户的角度去考量问题,销售员会更加容易筛选出哪个才是客户最在意的痛点,从而节约决策成本,快速做出正确的销售决策。

第二步:凸显自身产品差异。痛点源于对比,譬如,对某款产品或者服务的期望值很高,而实际购买的产品或者服务却未能达到这种期望值,那么结果就是落差。这种由对比所产生的落差会给客户带来一定程度上的痛苦。销售员基于对比,找到自身产品或者服务与同类产品的差异,提炼出自身产品的差异化优势,这样才能更好地打动客户。

第三步：证明自身产品的优势。销售员在给客户介绍产品时，要形象、具体地将产品或者服务所能够带给客户的差异化价值展示出来，而不是简单地进行描述。

在这需注意，第二步和第三步可以并存。下面，我们以"途牛"出品的"牛人专线"为例来具体说明一下。

第一步：诊断客户的痛点。国内旅游市场，游客的痛苦体验大多集中反映在行程安排太紧凑、虚假低价、强制购物、变相购物、团餐不好吃、服务不到位，等等。于是，途牛网根据这些让游客叫苦不迭的痛点，策划出新的旅游产品"牛人专线"。

第二步+第三步：凸显自身产品差异+证明自身产品优势。在"牛人专线"的视频宣传广告中，全是与传统旅游产品的对比。这种对比正应了"牛人专线"的广告语："同时跟团游，何不更享受！"既凸显了自身产品与同类产品的差异，同时还让客户看到了价值与收益。

从不同的方面刺激客户的痛点

美国著名的营销专家利奥·伯内特曾提出一条伯内特定律。它的内容主要是：产品要想占领市场，首先必须要占领消费者的头脑。人们常说："不怕贼偷，就怕贼惦记。"这句话运用到销售中，销售员应追求的境界是"要让客户惦记"。

只有你的产品占领客户的心智，他们在需要时才会首先想起你。要想进入客户的心智，则需要不停地对他们进行品牌形象、产品优势以及消费理念的灌输，要从不同的方面反复刺激客户的痛点，直至他们形成条件反射。当他们再遇到类似的痛点时，首先想起的就是你的产品或者服务。

第二章
找差异：客户的痛点就是卖点

许巍是北京顺义区的一名别墅销售员。有一次，他带着一对夫妻去看房。一进屋，丈夫就发现客厅的天花板上有水渍，于是就说："这房子漏水！"

这时，许巍注意到一旁的妻子一直盯着窗户外的游泳池，边看还边点头微笑，一脸满意的神色。于是，他并没有向丈夫解释什么，而是对一旁的妻子说："太太，您看，窗外的这个游泳池是不是很漂亮？看得出来您很喜欢。"

丈夫转了一圈后，又指着房子的另一处地方说："房子这里还需要重新整修一下。"许巍很礼貌地冲先生微笑了一下，转而继续对他的妻子说："太太，您一定非常喜欢游泳吧？难怪您的身材这么好。很多人买房时都希望有一个自己的游泳池，这样就不用花时间和金钱去游泳馆。既然您也很喜欢游泳，我相信这个游泳池应该非常地适合您！"

在整个过程中，不管丈夫提出有关房子的任何异议，许巍都有意或者无意地将话题引到妻子所喜欢的游泳池上。最后，在妻子的极力坚持下，他们买下了这栋别墅。

许巍正是看出了自己所推销的房子很符合客户心意的地方，找到了客户购买的痛点，然后通过不同的方式反复地刺激这个痛点，从而成功地拿下订单。

作为一名销售员，你应该相信，对于一个愿意听你讲述产品的客户来说，他至少有一个痛点，而你要做的就是找到他的痛点，并且从不同的方面，成功地对它进行反复的刺激，直到客户最后决定购买。那么，销售员具体该怎样做呢？我们总结了几点供大家参考。

给客户一个购买的身份

身份层次决定行为层次，人们往往会做一些和自己身份相符的行为。

所以，在销售的过程中，要想客户购买你的产品，不妨先给他设定一个购买产品的身份，给他贴上一个适合他的标签，从身份方面刺激客户的痛点。只要他认可了这个身份，签单也就容易得多。

一对情侣来到某品牌专卖店，女孩看上了一套标价2800元的衣服。男孩觉得太贵，可是看到女朋友渴望的眼神，只好跟销售员砍价。

男孩："这套衣服太贵，可以便宜一些吗？"

销售员："是的，这套衣服的确有点贵，像这么名贵的衣服只适合一些高雅的女士。您女朋友这么漂亮，穿上这套衣服一定非常好看，您可以让她试一下。"

女孩试穿好衣服后，销售员对女孩说："您穿上真好看。您真幸福，有这么好的男朋友。我在这家店工作了三年，以我的经验，只有那些很爱女朋友的男孩才会舍得买这么名贵的衣服给女朋友！"

男孩听完销售员的话很开心，果断地买下了这套衣服。

销售员之所以能够化解客户嫌贵的异议，是因为他抓住了客户的心理。女孩往往都喜欢别人夸自己漂亮，于是，销售员就投其所好，说这套衣服很适合她，如果不买这套衣服就可惜了。不仅如此，销售员还给男客户贴上一个很爱女朋友的身份，如果对方不买的话，就表示他不爱自己的女朋友。于是，为了证明自己的爱心，再贵的衣服男客户也都会买下。

在销售的过程中，销售员可以灵活地运用这种策略，给客户一个购买产品的身份。这样既体现了自身产品优质、高级的特征，又让对方感觉购买我们的产品会很有面子。

刺激客户的痛点应遵循的原则

在每个人的心中或多或少都有一些难以启齿或者不为外人道的隐痛，往往这就是每个人的痛点。对于销售员来讲，要善于从客户的言行之间发现和掌握这些资料，然后从不同的方面反复用言语刺激客户的痛点，引导客户做出购买决定。

身为销售员，在刺激客户痛点时应遵循以下几点原则（图2-3）。

一般不能正面提及客户的痛点，甚至进行攻击

↓

从不同的方面刺激客户的痛点

↓

应当反复刺激客户的痛点，直到他接受

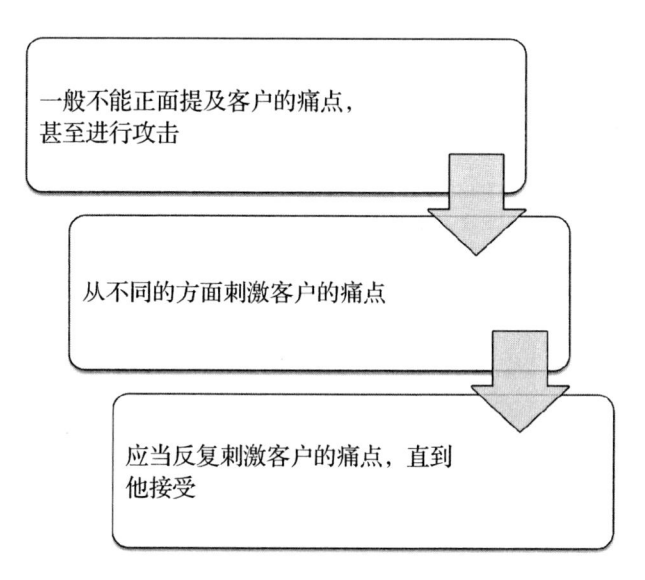

图2-3　刺激客户痛点时应遵循的三点原则

（1）一般不能正面提及客户的痛点，甚至进行攻击。譬如，假如你是一名汽车销售员，一个穿着像暴发户的人来买车，这时你不能说："您看上去很像一个暴发户，我们这款车很适合您。如果您购买我们这款车，绝对看不出来您像暴发户。"有些人最害怕他人称自己为暴发户，虽然事实上他的确是暴发户。身为销售员，如果你像前面那样讲话，那么会引起对方的反感，你的销售工作就很难再进行下去。

（2）从不同的方面刺激客户的痛点。身为销售员，客户的地位、相貌、学历、身份、金钱等都有可能是他们的痛点。当你并不能完全地确认对方的痛点时，不妨从多个方面，运用适当的语言进行刺激。

（3）应当反复刺激客户的痛点，直到他接受。身为销售员，当你发现

客户对某一方面很敏感时，那么，你要做的就是变换话题，反复刺激客户的那一个痛点，甚至相同的话可以重复几遍，最终客户会为自己的需求买单。

回归产品，分析用户诉求，找到卖点

所谓"卖点"，指的是产品具备了前所未有、与众不同或者别出心裁的特点、特色。这些特色一方面是产品与生俱来的，而另一方面是通过销售人员的创造力、想象力产生，"无中生有"的。不管它从何而来，只要能使之落实于营销的战略中，化为消费者能够认同、接受的利益与效用，就能够达成产品畅销的目的。

从这个定义中，我们可以看出，产品的卖点首先是交易对象的诉求点。也就是说，产品的卖点是基于交易对象的诉求点来展开的。如果你的卖点不能够解决交易对象的诉求问题，那么，你的产品就不可能被消费者认可并接受。当然，这里的诉求是广义的，有精神上的诉求，有物质上的诉求，等等。这点说明卖点是用来解决诉求的。

产品的卖点最终来源于产品。因此，身为销售员，在了解了客户的痛点后，还需回归产品，分析客户的诉求，提炼自身产品的卖点。

常见的卖点模式

卖点是消费者关注的核心，销售员在营销、策划过程中，应站在客户的角度，换位思考，从而提炼产品的卖点。常见的卖点模式主要有以下几种（图2-4）。

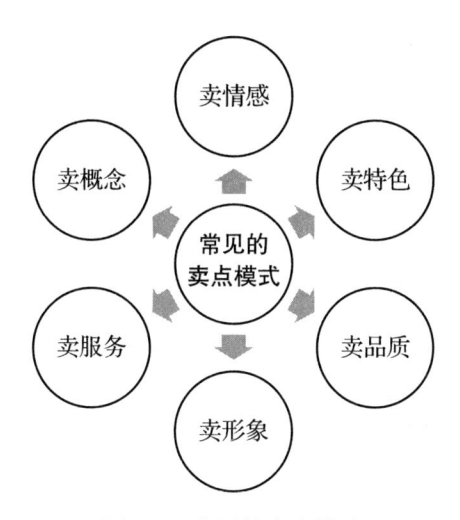

图 2-4 常见的卖点模式

卖情感

现代社会对情感的需求较为突出，适当的情感诉求可以加深消费者对产品的好感。譬如，雕牌洗衣粉的"妈妈，我可以帮您干活了"，以孩子对母亲的理解与支持来突出卖点；南方黑芝麻糊的"一股浓香，一缕温暖"，比直接宣传产品功能要感人，等等。

卖特色

以产品的特色作为 USP（也称功能性诉求），直截了当，一针见血。譬如，"金嗓子喉片，入口见效"，等等。

卖品质

产品品质的好坏是消费者关心的问题。在科技进步、产品同质化严重的今天，对产品品质理应有一个更全面地理解，除了实用、耐用，更注重的是好用。另外，在卖品质的过程中，可以"卖故事""卖专家""卖专业""卖售后服务"（以宣传自己的专业化水准），等等。

卖形象

形象化的销售主张能够在消费者的心中留下美好印象。譬如，"佐丹奴"

的"没有陌生人的世界",把西方人和东方人融和一体的形象;"肯德基"的"山德士上校"和蔼可亲的形象;"力士"的国际大明星的形象,等等。

卖服务

包括体验,对产品本身的体验与生产过程的体验,推出服务承诺、个性化服务、服务差异化、服务品牌的打造、衍生服务,等等。譬如,衣服属于人们的基本需求,一般情况下,人们都会想试穿后再购买。故而,很多服装店都有免费试穿等服务。

卖概念

概念是表现产品"卖点"的一种形式。在营销领域,概念炒作对产品的销售往往会产生巨大威力。譬如,补钙口服液"吸收是关键"的独特诉求,美菱冰箱"保鲜"的概念,格力空调的循环风和健康概念,等等。

根据客户诉求提炼自身产品的卖点

客户之所以会购买你的产品,是因为你的产品能够满足他的需求。面对竞争日益激烈的销售市场,你的产品要想在同类产品中脱颖而出,就要展示出与其他产品的不同之处,也就是你的产品独特的卖点。那么,销售员如何根据客户诉求提炼自身产品的卖点呢?我们总结了几个常用的卖点提炼方法(图2-5)。

图2-5　4个常用的卖点提炼方法

（1）从产品的功能上提炼。譬如，产品能够解决客户哪些问题，满足客户何种需求，等等。产品功能同中有异，在提炼功能卖点时主要侧重于"异"字，让自身产品的功能卖点别具一格。

（2）从产品的外观上提炼。一般而言，从产品外观提炼卖点主要可以从产品的形状、色调、款式、技术、材质、风格等方面入手。

（3）从产品的参数上提炼。所谓的产品参数，指的是技术参数，即从产品技术上提炼卖点。对技术参数的提炼要注意将技术参数和消费者的心理利益相结合，讲解词要通俗易懂，能够让消费者产生共鸣。

（4）从竞争对手的市场推广概念上提炼。每个品牌都有自己独特的消费诉求概念，为了让自己的概念更加吸引消费者，与竞争品牌进行区别，销售员可以大量搜集竞争对手市场推广的新手段、新概念，然后进行全方位系统分析，再结合自身产品的特性进行概念提炼。

销售员在进行卖点提炼时，还需要掌握以下几点原则（图2-6）。

必须是客户最关心的

必须是自身产品具有的

必须是竞争对手没有或者没提过的

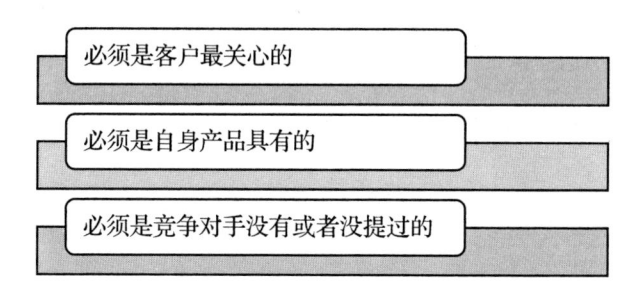

图2-6 提炼卖点时需掌握的三个原则

首先，必须是客户最关心的。身为销售员，你的产品所提炼出来的卖点必须是客户最为关心、最为关注的那个点，而那个点恰恰也是解决客户痛点的唯一关键点。不管你的产品有多少个亮点，如果客户不感兴趣、不关注，或者说对客户解决痛点没有太大的帮助，都是无济于事。

亮点终究有办法变成卖点。就补钙产品而言，钙的吸收率问题就是客户最关注的。因为，钙的吸收率会直接影响客户的补钙效果。吸收率越高，补钙效果就越好。反之，吸收率越低，补钙效果就会越差。因此，钙吸收率低这一问题，就是客户急需解决的核心痛点。所以，市场上很多有关钙产品的广告大多是以易吸收作为产品最主要的卖点。

其次，必须是自身产品所具有的。客户关心、关注的那个点，必须是自身产品实实在在所具有的点。而这个点必须要有真真切切的支撑，不是弄虚作假，诉求与实际不符，欺骗客户。就补钙产品而言，众所周知，钙产品的吸收性能是客户最为关注的点。如果产品以吸引率高作为主要卖点，势必要有能够证明吸收率高的有力支撑点。譬如。"分子小"等，并且具体小到多少微米，这就是吸收率高的有力支撑点。

最后，必须是竞争对手不具备或者没提过的。所谓差异化卖点，指的是与竞争对手的卖点不同，而这种不同可以是竞争对手不具有的，或者有，但从未提过的。那么，为什么要和竞争对手提炼不同的产品卖点呢？我们都知道，心理学当中有一句话叫作"先入为主"，应用到销售活动中就是说，同样的卖点，如果竞争对手先于你提出，也就先于你占据了市场，他就率先在客户心中打上了深刻烙印。如果这时，你的产品再以同样的卖点投入市场，就很难取而代之。

针对对手弱点，突出自身产品优点

如今，市场上的同类产品大同小异，每个产品都有自己的优点与不足。因此，销售员在向客户介绍产品时可以与其他同类产品进行比较，针对客户的需求，突出自身产品的优势，由此给客户呈现强烈的对比，从而打动客户。

第二章
找差异：客户的痛点就是卖点

高平是名药品销售员，有一次打车时发现司机感冒了，出于职业习惯，高平向司机推荐一种感冒药B。司机很不解地问他："我以前感冒都是在吃A，为什么要听你的建议改吃B呢？"

高平说："您之所以吃A，是因为您觉得A的效果不错，对吧？"

司机："那是当然！"

高平对竞争产品A的优缺点很清楚，于是问道："您在吃A之前，有没有仔细看产品说明书？"

司机："我一般只看一天吃几次、一次吃多少，其他的我还真没太在意，只要管用就行，了解那么多干吗！"

高平："您知道吗，很多人说吃了A会打瞌睡，您是否遇到过这种情况呢？"

司机："的确，在吃完A后会觉得很想睡觉，所以每次我吃完后都会在家睡一会儿，然后再出来跑车。"

高平："是呀，这样就在一定程度上影响了您的生意，特别是像你们一样开出租车的、或者从事高空作业的、操作精密仪器的，是不太适合吃A的。因为一旦犯困，就很容易引发事故。"

接着，司机问道："那么，吃B会不会也犯困呢？"

高平："B也是大牌子，是美国一家大公司生产的，质量您绝对可以放心。白天吃了不会犯困，晚上吃了有助于睡眠，这样既不影响您做生意，也不会影响治疗感冒，建议您可以试试！"

司机犹豫了一下，问道："既然这么好，那么这两种药的价格怎么样？"

高平："两种药的价格相差不大，但是A稍微偏贵一些。"

听到这，司机当场表示回去买一盒试试……

A和B都可以治疗感冒，为什么高平能够说服客户放弃A，选择B呢？因为对于司机来说，开车最主要的是安全问题。服用A不但需要小憩一会儿，而且还会影响做生意，而 B 刚好可以帮助司机解决这个问题。

人们常说"有比较才有鉴别"。世间万物不是孤立存在的，如果没有比较，就没有好坏、美丑之分。只有进行比较，才能够使不同事物的特点凸显出来，这就是心理学上的"对比效应"（也称"感觉对比"，指的是同一刺激在不同背景作用下会产生不同感觉的一种心理现象）。通过对比，可以弱化或者强化某一个形象。

那么，销售员在运用"对比效应"推销自己的产品时，具体该怎么做呢？下面有几点建议，供大家参考。

分析竞品，了解其优点与不足之处

竞品分析，通俗地说，就是对竞争对手的产品进行比较分析，这是销售员必备的工作技能之一。通过分析竞争对手的产品，了解其优点与不足之处，在推销的过程中就可以避其锋芒，攻其软肋，这样推销成功的几率会大大提高。

那么，身为销售员，如何对竞争对手的产品进行分析呢？其实很简单，只要记住竞品分析的几个环节，按照流程输出即可。下面为大家总结了竞品分析的几个步骤（图 2-7），并为大家详细讲解如何做好竞品分析。

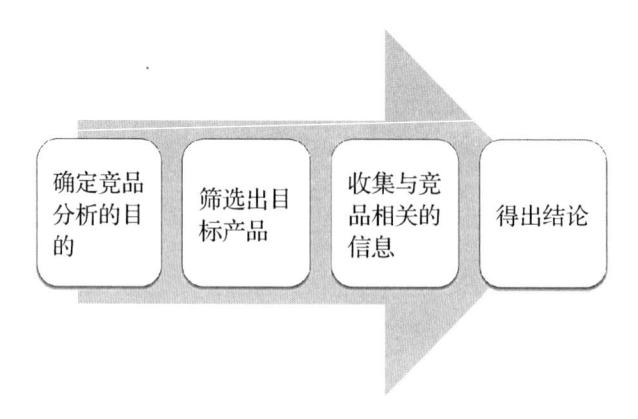

图 2-7 竞品分析的 4 大流程

- 确定竞品分析的目的

确定目的是做任何事情的前提，竞品分析也是如此。大多数情况下做竞品分析是为了搞清楚竞品的优缺点，知己知彼，在销售的过程中就可以避其锋芒，针对竞品的缺点来突出自身产品的优点，这样推销成功的几率会大大提高。

- 筛选出目标产品

在明确竞品分析的目的后，筛选出目标产品。一般筛选的原则是按照市场的占有率从大到小，选出排名前 4～5 位进行分析。譬如，你推销的产品是空调，那么，你就可以找一些市场占有率排名较前的产品，如美的、格力、海尔、松下、长虹等，进行分析。

- 收集与竞品相关的信息

以上都属于筹备阶段，接下来才进入主题：收集资料。真正核心的信息不一定能够搜集到，但是普通信息搜集齐全后，经过细致分析，也可以获得有价值的信息。搜集信息的方式有很多种，下面介绍几种常见的搜集信息的方法（图 2-8）

图 2-8 4 种常见信息收集方法

（1）亲身体验。亲身体验竞品是竞品分析中必不可少的一个环节，通过亲身感受，对竞品的优缺点一目了然。

（2）产品简介。产品最核心的信息往往会体现在产品介绍里，很多产品都喜欢将自己的特色、卖点以及优势都浓缩在短短几百个字的产品介绍里。所以，销售员在做竞品分析时可以将竞品的产品介绍复制出来，将重点标红以做分析。

（3）用户评论。很多销售员在做竞品分析时往往会忽略这点，其实用户评论的价值是很大的，从中可以分析出用户的痛点、需求和该产品的问题所在。譬如，可采用对一些使用过其他产品的消费者进行问卷调查的方式来获取用户评论。

（4）产品官网。产品官网的价值主要是分析产品的发展路程，这些信息往往比较真实，可参考性很大。

- 得出结论

通过对竞品的分析，最终得出结论，譬如竞品的优缺点、市场占有率、客户在使用竞品时遇到的问题，等等。那么，在向客户介绍自身产品时就可以针对对手的弱点，重点介绍自身产品的优点。

用竞品的不足反衬出自身产品的优点

所谓的反衬，指的是用对手产品的不足来衬托出自身产品的优势，从而使自身产品的优势更加突出，让客户印象深刻。其前提是必须对对手的产品有一定的了解，并确定自身产品真的具有某方面的优势。

一位铸砖的销售员去拜访当地城市绿化的规划师。见面后，销售员从包里取出一块砖，然后往砖上倒水，顿时水花四溅。规划师诧异到，大吼起来："你这是在干什么？"

销售员说："这是城市绿化目前使用的砖，是我前几天在绿化现场取样的。"然后，他又在地上放了一块砖，并往砖上倒水，这时虽然有少量水花溅出，但大部分水都被砖渗透到土里，规划师感到大为惊奇。这时，销售员说："很多城市出现内涝，大多是因为城市绿化出现了问题，很多绿化采用的是不渗水的砖。我们公司生产的这种砖可以直接将水渗入土里，能够有效缓解城市内涝，再加上……"

经过这一番对比，再加上销售员的介绍，规划师清楚了这两种砖的硬度、性能和优点，最终决定购买销售员推荐的砖。

上述案例中，销售员通过对比打动客户，促使其购买自己的产品。值得注意的是，销售员在对比时，要尊重客观事实，切记不要轻易点评竞争对手的产品，因为背后说人坏话很容易引起客户的反感。因此，在进行对比时，可以遵循以下几个步骤（图 2-9）。

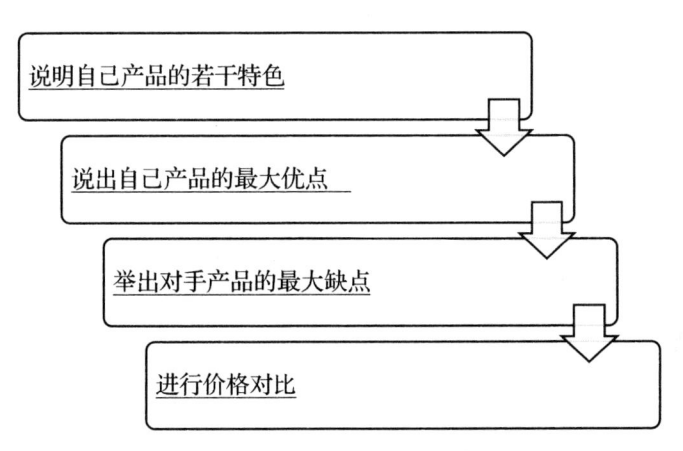

说明自己产品的若干特色
↓
说出自己产品的最大优点
↓
举出对手产品的最大缺点
↓
进行价格对比

图 2-9　与竞品对比时须遵循的步骤

向客户介绍自身产品的独特卖点

在当今社会，商品琳琅满目，商业广告更是如此。面对无处不在的推销，相信很多消费者都会感到迷茫。在这种情况下，聪明的销售员能够看准消费者的心理，向他们介绍自身产品独一无二的个性。所谓的独一无二的个性，指的是自身产品的质量、外观、包装等是其他同类产品所不具备的，或者是其他同类产品无法比拟的。

举个例子，王老吉凉茶的广告语是"怕上火，喝王老吉"，产品能解决消费者上火问题。由于其他的凉茶产品不具备这样的条件，因此，王老吉依靠这个独特的优点在凉茶领域迅速崛起，并成功地占有了自己的一席之地。

将产品的核心卖点升华为亮点

产品的核心卖点是产品核心价值的外在表现，是传递给客户最重要的信息。缺乏卖点的产品就像"茶壶里的饺子，有嘴倒不出"，即便你的产品再好，也无法在众多的商品中凸显出来。可以说，一个好的卖点不仅可以将你的产品与其他的产品区别开来，而且对产品的销售、品牌树立、传播有着拉动效应。

销售员只有全方位地了解自身产品，才能够找到产品的核心卖点，进而在广告语、包装上加以宣传，达到突出、强化产品核心卖点的效果。此外，产品的核心卖点要和同类产品与竞争产品区别开来，拥有自己的独特之处。

了解产品的核心价值

对于销售员来说，产品要满足客户的需要，为客户提供服务，产品的核心价值是客户愿意花钱来购买产品的根本因素。因此，销售员要确定自身产品的核心价值，就不能片面地理解产品，而是要全方位地理解自身产品，这样才能够找到产品的核心卖点。

汽车刚刚在欧洲出现时，给当时最出名的两家马车制造厂带来了很大困扰。一家厂商认为汽车的出现带来了竞争，于是决定将马车改造得更漂亮；而另一家厂商则认为，马车只是作为一种代步工具为人民服务的，而汽车能更好地为人民服务，于是决定介入汽车市场。最终，一家卖马车的公司倒闭了，而另一家则成为了世界著名的汽车公司。

从这个案例中可以看出，了解产品的核心价值至关重要。那么，销售员要如何了解自身产品的核心卖点呢？可以从以下几点入手（图2-10）。

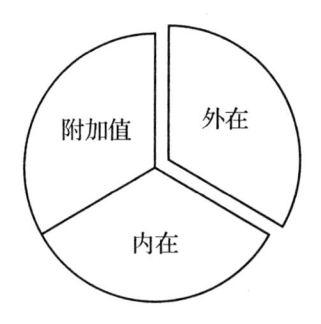

图2-10 从三个方面了解自身产品的核心卖点

（1）了解自身产品的外在，包括产品的体积、外观、包装、视觉、重量、手感等等，因为产品的外观是最先呈现在客户面前的。

（2）了解自身产品的内在，包括产品的发展历程、结构以及产品的加工工艺与加工步骤，知道产品生产的各道工序。

（3）了解自身产品的附加价值，譬如承诺、服务、象征的身份地位、荣誉，等等。通常情况下，这些因素或多或少都会影响客户的选择。

提炼产品的核心卖点，将其升华为亮点

当我们去超市买洗发水时，会看到各种各样的洗发水摆在面前，有营养的，有去屑的……，你会选择哪一款？毋庸置疑，首先你会根据自己的需要进行选择。

产品的核心卖点会体现在产品的宣传上，一个好的宣传会给客户留下深刻印象。所以，身为销售员，要把握自身产品的核心卖点，然后将其升

华为亮点,才能在众多的产品中脱颖而出,打动客户。那么,如何提炼产品的核心卖点呢?以下几点不容忽略。

(1)销售员在向客户介绍产品时,可以从产品的品质入手。譬如,你推销的是一款手机,那么,你可以告诉客户手机的质量优良、防磨耐摔,等等。

(2)销售员在向客户介绍产品时,可以从产品的原材料入手。譬如,你推销的是一款牙膏,那么,你可以告诉客户这款牙膏采用的是高档硅原料,等等。

(3)销售员在向客户介绍产品时,可以从产品的价格入手,突出自身产品比同类产品价格低的优势。譬如,你推销的是一款洗衣粉,那么,你可以将其与同类产品进行价格对比,体现自身产品价格低廉的优势。

(4)销售员在向客户介绍产品时,要体现产品独特的特色与功能。与同类产品相比,自身产品所存在的优势,体现自身产品的独特之处。

(5)销售员在向客户介绍产品时,可以突出强调自身产品的核心卖点,将其升华为亮点。譬如,如果你是农夫山泉的推销员,那么,你在给客户介绍时,就可以告诉客户水是甜的;如果你是海飞丝洗发水的推销员,你在给客户介绍时就可以突出强调海飞丝洗发水的去屑功效,等等。

摆出事实,让客户看到购买后的具体利益

当你在向客户介绍自身产品时,如果只是跟对方说产品具有哪些特色,可以帮助他得到哪些利益,客户可能将信将疑,不一定会购买你的产品。因为他不知道在购买你的产品后是否真的如你说的那样。

因此,只有向客户摆出事实,让对方看到购买产品后的具体利益,这样他才会放心购买你的产品。譬如,销售员可以通过产品演练的方法演示产品;可以运用一些资料,如产品证明、企业简介等来证明产品;可以给客户看产品的反馈表，让对方看到回访客户的好评度等等。当客户看到了这些真实的案例后，就会相信你的介绍，这样才能促成交易。

别与客户谈价格，要谈价值

在销售的过程中，"价格"是一个十分敏感的问题。交谈的双方就算有很大的成交诚意，但毕竟在本质上存在一定程度上的利益对立，所以，免不了会有或多或少、或明或暗的讨价还价。

聪明的销售员在遇到价格问题时，一定不会与客户在产品价格上面僵持，而是会将对方的注意力转移到产品的价值上。客户愿意购买你的产品是因为你的产品有使用价值。通常，人们在购买产品时都会考虑产品的外观造型、功能、价格等问题。产品的性能优良、操作方便、功能强大、价格合理、外观漂亮等条件无疑会提高产品的价值，而产品价值的高低往往是决定客户是否愿意购买的重要因素。

因此，销售员在与客户谈话时一定要有明确的目的，特别是在进入产品销售阶段后，如果对方乐于和你交谈，说明对方基本认同你的产品或者服务。这时，销售员要紧扣产品的核心价值，让对方明白购买产品后能够带来的好处与利益。只有让客户感觉到你的产品或者服务物有所值，才有可能激发他们的购买欲。

张茜是移动通讯公司的电话卡销售员，她在与客户沟通时都是直奔主题，直接告诉客户购买电话卡后能够带来的实际好处。一天，她又打通了一位客户的电话。

张茜："王先生，早上好，您现在方便接电话吗？"

客户："方便，请问你是哪位？"

张茜："我是移动通讯公司的电话卡销售员张茜,您叫我小张就可以了。"

客户："有什么事吗?"

张茜："是这样的,王先生,我们公司最近新推出了一项电话卡服务,这项服务的最大优点就是能够帮您节省35%的电话费用。我能占用您两分钟的宝贵时间向您做一个简单介绍吗?"

客户："真的有这么优惠的电话卡?你跟我详细说说。"

就这样,张茜顺利地与客户打开了话题。

在这个案例中,张茜避开了过多的赘述,而是直接向客户讲述产品的核心价值——能够为客户节省35%的电话费用,从而吸引对方的注意力。在销售活动中,直接讲述产品的核心价值是一种非常有效的销售方法,往往能瞬间抓住客户的心。那么,具体该怎么做呢?我们总结了几点。

结合客户需求说优势

很多客户在购买产品时喜欢与销售员讨价还价,身为销售员,要避免与客户在价格方面僵持。要想让客户在短时间内接受你的产品,在介绍时就要结合客户的需求来突出自身产品的优势。销售员只有将客户最需要的东西展现出来,才能够从内心深处打动对方。

许文涛是北京海淀区我爱我家的销售员。一天,一位客户想租一个办公场地,看了几遍房源似乎都不太满意,于是留下一张名片离开了。第二天,许文涛根据客户提供的联系方式找到了这位客户,说是已经帮他选定了房子,并约他下午三点商谈此事。

客户准时来到见面地点,相互寒暄后,许文涛委婉地问道："黄先生,听说您是咱们市自驾游协会的会员,最近还当选了主席,是吗?"客户："是的,想不到你也知道这件事,其实我也没做过什么,是协会成员的抬爱,我才被选为主席。"

第二章
找差异：客户的痛点就是卖点

许文涛满脸崇拜，称赞道："黄先生，您真是太谦虚了，我想您这次着急租房应该和这件事有关吧？"客户回答道："你说得很对，平时我喜欢出席一些活动，有时候自己也会举办一些活动，邀请朋友们一起聚聚。"

许文涛听到这，大胆推荐道："黄先生，我们正好在万柳东路旁边有一处房源，那里地段繁华，商业气息浓厚，周边有很多高档办公楼、酒店、餐饮、银行、商业、娱乐设施。等等。更重要的是那里的交通方便，离地铁站很近，并且有多条高速连接火车站。不知您感兴趣吗？如果您有时间的话，我可以带您去看看。"

客户欣然答应了，看过之后很是满意，当天就签订了租房合同。

许文涛之所以能够让客户满意地签订租房合同，是因为他准确地了解了客户的需求，并结合客户的需求来突出房子的优势，有针对性地向客户发起进攻。

产品最突出的优势是它能给客户带来实际的利益，或者能帮助客户解决问题。那么，如何根据客户的需求讲述自身产品的优势呢？这就要求销售员做到三点（图2-11）。

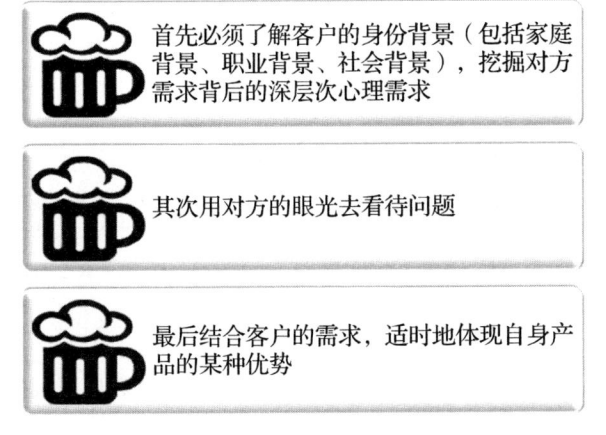

首先必须了解客户的身份背景（包括家庭背景、职业背景、社会背景），挖掘对方需求背后的深层次心理需求

其次用对方的眼光去看待问题

最后结合客户的需求，适时地体现自身产品的某种优势

图2-11 销售员需做到的三点

向客户描绘拥有产品后的幸福感

客户购买你的产品是为了满足其使用价值。换句话说,就是这件产品能够给自己当下或未来的生活、学习、工作带来便利。因此,客户在购买产品时都会想象自己在拥有这件产品后给自己生活发生的美好改变。

那么,身为销售员,要想促成交易就要想办法让对方需要你的产品。你可以一边说明产品的优势与各种功能,一边用语言为对方描述拥有产品后的幸福,激发他的想象力,让对方憧憬一下拥有后的美好。同时,让对方感受到没有拥有这件产品会给自己带来多大的损失,进而将心动转化成为行动。

一位销售员向一对夫妻推销一栋老房子。一进院门,太太就发现了后院有一棵漂亮的桃树。于是,她高兴地对丈夫说:"亲爱的,你看这棵桃树真漂亮!"当这对夫妻进入客厅后,对陈旧的墙壁、地板很不满意。这位销售员对他们说:"虽然地板看起来很陈旧,但是这栋房子最大的特点就是从任何一个房间的窗户都能够看到那棵漂亮的桃树。"之后,不管这对夫妻指出房子有什么缺点,该销售员都强调从房子里任何一个房间的窗户都能够看到那棵漂亮的桃树。最终,这对夫妻花60万美元买下了"那棵桃树"。

故事中这对夫妻之所以买下这套房子,是因为"那棵桃树"能够给自己带来幸福感。该销售员一直强调桃树,并不断地为客户描述这种幸福画面,让客户憧憬拥有这套房子后的美好。最终,客户购买了这栋老房子。

那么,怎样才可以达到这个目的呢?可以从以下几点入手。

首先,亲身体验自身产品。身为销售员,要想快速激发客户的想象力,就必须对自身产品有一个亲身体验的过程,这样在向客户描述产品时才能惟妙惟肖、出神入化，也只有这样，才更有说服力。

其次，组织有序的语言。销售员在与客户沟通的过程中，语速、节奏、声音等都要透露出自己的情感，控制好自己的情绪，然后自信地向客户介绍自身产品与客户之间的关系，以及拥有产品后的好处，巧妙引导，让客户心动。

第三章

明喜好：想要钓到鱼，就要知道鱼吃什么

在生活中，要想钓到鱼，首先要知道鱼喜欢吃什么。当你对鱼了解得越多，你就越来越会钓鱼。这样的想法在销售中同样适用、要知道，销售的过程就是销售员和客户心理博弈的过程。为了顺利地推销出产品，销售员就必须了解对方的喜好，站在客户的角度看问题。只有把握客户的真正需求，才能更好地把握销售。

充分搜集与客户有关的信息

在进行一场战斗前,优秀的指挥官往往会派遣一名侦察员去摸清敌人的情况。俗话说的好:"知己知彼,百战不殆。"其意思就是在与对手打交道之前,先要尽可能地了解对方,这样你才能占据主动。商场如战场,虽然向客户推销产品不是你死我活的敌对行为,但也是说服者和被说服者之间的交锋,销售员做到事先掌握并了解客户的相关信息,就显得尤为重要。

著名推销员乔·吉拉德在指导他手下的推销员曾说过这样一句话:"尽全力去了解你的客户,这样你才能向他递上你的推销传单。"乔·吉拉德之所以这样说,是因为他认为只有你充分了解了你的客户,才能够掌握对方的具体特征,了解他的购买倾向,摸清他购买的经济能力。

齐峰在一次汽车展销会上认识了一位客户,这位客户对齐峰推销的雪佛兰轿车很有兴趣,但又有些犹豫。齐峰在与他初步接触后觉得这是一个很有购买潜力的客户。但是齐峰并没有贸然地上前推销,而是在展销会期间,利用空闲的时间向认识这位客户的同伴了解他的情况。展销会结束后,齐峰便立刻去拜访这位客户。

在见到这位客户后,齐峰说:"先生,我觉得您的公司需要一批轻便型的雪佛兰,因为您公司的销售员外出工作时所花费的交通费远远超出了公司给他们配车的钱。"齐峰一针见血地提出了客户购买的理由。

客户犹豫了一会儿,说:"的确如此,公司每年给销售员报销的交通费确实是一笔很大的费用,给他们配车的确能够节省不少费用,但是……"

齐峰事先的调查让他对客户的情况了如指掌，见客户犹豫不决，齐峰又说："我知道您的公司在今年投资了一些大项目，资金可能比较紧张。那么，您是不是可以考虑分期付款呢？我们公司现在在举办一些活动，如果您现在购买的话，可以享受到很大的优惠，是很划算的。"

客户听完齐峰的叙述后，果断地同意了他的建议。

从案例中可以看出，齐峰一直掌握着推销的进程，他引领着对方的思维变化，对于客户的困难与实际情况都给出了有效的解决办法。齐峰推销的顺利，源于他事先对客户的情况进行了了解。换句话说，如果没有他事先搜集对方信息的过程，而是在展销会上就对这位客户贸然出击，那么结果很有可能失败。而一旦被对方拒绝，再想打开局面就会变得更加艰难。

一名优秀的销售员懂得在推销自身产品之前搜集客户资料，充分了解产品、市场、客户等多方面的信息。有的放矢，才能赢得源源不断的订单。那么，具体该怎么做呢？

多渠道搜集与客户有关的信息

对于销售员来说，掌握越多的客户信息，越能够增进对客户的了解，从而及时制订出有效的推销策略，赢得订单。因此，销售员在拜访客户之前一定要做好功课，通过不同的渠道，充分搜集与客户有关的资料。

通常情况下，很多人习惯并乐于在网站搜集关于客户的资料，这是最便捷、最省时省力的方式。但是，销售员需要注意的是，从网站上搜集资料之前，一定要弄清楚客户是属于哪个行业的，因为每一个行业都有属于自己的网站，这才是你获取价值情报的最佳平台。

使用专业网站搜集客户信息的好处是可以在网站上精确找到客户单位相关负责人的电话等联系方式，有了这些联系方式后，不仅搜集信息更方便，与客户沟通起来也会容易得多。除此之外，很多专业网站都有客户公司的介绍，其中包括他的业务范围，这可以帮助销售员避免在推销的过程中出现弄错对象的尴尬场景。

除了专业网站外，销售员还可以在各类展销会或者商贸会议上搜集客户的相关信息。通常情况下，这样的场合往往会吸引很多同行业的公司。与此同时，这些场合通常都会展示各公司的产品。因此，销售员可以现场体验对方的产品特色，向对方主动发放名片，从而建立沟通桥梁。

销售员还可以通过客户身边的朋友、同事、亲人等来了解客户的相关信息，譬如客户的性别、样貌、年龄、性格、兴趣喜好等，这样就可以更清楚地知道客户的一些具体信息，那么，在与客户交谈时就可以对症下药。

分析整理客户信息，建立客户档案

一些销售员常常把搜集到的客户信息写在纸上，然后塞到抽屉里。后来因为没有整理这些信息，经常忘记追踪意向客户，结果影响到后期工作的顺利进行。因此，搜集客户的相关信息只是第一步。身为销售员，在搜集客户的信息后，还需要分析整理客户的信息，了解客户的需求，并妥善保存客户的信息，建立一份详细的客户档案。这样，在需要的时候就不会乱了阵脚。

世界顶尖销售大师马里奥·欧霍文有一个习惯，每次去拜访客户之前都会做好功课，通过各种渠道充分搜集与客户相关的信息，譬如客户的性格、样貌、兴趣爱好、社会背景、家庭背景等，并通过分析客户的信息，了解其需求，从而制订出有效的推销策略。每次搜集完客户信息后，他都会根据客户的情况建立客户档案。正是因为他的这种好习惯，为他带来了很多订单。

销售员在建立客户档案时要根据客户的身份进行分类管理，这样能更好地定位客户。在这需要注意的是，客户的信息要根据对方情况的变化不断整理、不断跟踪，这样才能第一时间掌握客户的资料，才能够准确地开拓市场。

在这个信息泛滥的时代，谁能够掌握高质量、全面的信息，谁就可以在未来的市场上站稳脚跟。要想成为一名优秀的销售员，就要想办法搜集客户的详细信息，通过分析客户的信息，了解其需求，真正做到知己知彼。

给客户想要的，别给你想给的

客户有很多种类型，不同类型的客户在购买产品时的欲望不同。所以，销售员不能够将不适合的产品强制推销给并不需要的客户。事实上，这是不可能做到的事。

看一个销售员业务能力的强弱，并不是看他是否可以将一件产品卖给不同的人，而是看他能否清楚了解客户的购买能力以及对某一产品的心理价位，量体裁衣地为其选出满意的产品，进而顺利完成交易。

一位中年女客户走进一家卖场，销售员 A 热情地说："您好，欢迎光临，我们这的衣服款式都是最新的，价格也很公道，您看中了可以试试。"客户"哦"了一声继续看衣服。

销售员 A 来到客户身边，说："您看，这是我们店里最畅销的真丝裙，既好看又凉快，您穿上肯定很合适，您可以试穿一下。"说完将手里的真丝裙递给客户。客户看了看就去试衣间试穿了。

一会儿，客户穿着裙子从试衣间出来，边走边说："好像有点小，穿在身上紧绷绷的，不舒服，而且显得我很胖。"

销售员A连忙说："您穿上很显气质，一点都不显胖，很适合您。"

客户对着镜子看了看，问道："这件裙子多少钱？"

"680元。"

客户反应很强烈地说："什么，680元？这么贵？我不要了，我还是再看看其他的吧！"

销售员A见状忙劝说："您看这件裙子的款式和质地都是上乘的，这个价格确实不贵。如果您真心想要的话，我可以给您优惠些。您要知道，新上市的衣服我们是不打折的。"

客户没再说什么，而是脱下裙子打算离开。销售员A不甘心，拿着裙子跟在客户身后不停地推销。这时，销售员B把一件绵绸质地的T恤递给客户，说："您看看这件衣服，也是新款，不仅吸汗，还不贴身，重要的是很便宜，90元一件。"

客户展开T恤仔细地看了看，说："有大点的吗？"

销售员B："这款衣服号码很全，颜色很多，可供选择的余地很大，您稍等一会儿，我帮您找找。"

很快，销售员B找到了客户要求的T恤，客户试穿了一下感觉很满意，说："能再便宜点吗？"

销售员B："这已经是最低价了，您看这款式和质地都不错，您可以买两件换着穿，十分划算。"

客户犹豫了一会儿说："还是有点贵。"

销售员B见状，想了想说："看您是真心想买，这样吧，您买两件，我收您160元，每件给您优惠10元，这已经是底线了。如果您觉得还是不行，可以去其他店看看。"

"我也逛累了，就这个价格，我买两件！"客户很爽快地付了钱离开了。

就这样,销售员A费劲口舌也没有推销成功,而销售员B则成功卖出两件衣服。销售员B之所以能够成功,是因为她了解了客户的购买条件,为对方挑选了适合其消费心理的产品。

根据客户的购买条件推荐相应的产品

每个人的购买条件是不相同的,身为销售员,你给客户介绍的产品严重低于客户的消费水平,对方会觉得你看不起他;如果你介绍的产品高于客户的购买条件,对方则会落荒而逃。作为一名销售员,怎样才能根据客户的购买条件,为其推荐相应的产品呢?我们来看这样一个推销场景:

一对夫妻来到苏宁易购,转了一圈后似乎对所有产品都很感兴趣,但又面露困惑:"这些都还不错,你能介绍一下吗?"

销售员A:"这一款是最畅销的机型……"

销售员B:"这一款使用的是……新增了一个新功能……"

销售员C:"您想买什么款式的电视机?"

销售员D:"请问您想买什么价位的电视机?"

销售员E:"请问您可以接受什么价位的电视机?"

销售员A和B在还没了解客户的基本情况下就开始介绍自己的产品,非常没有针对性。如果是客流高峰期,像这种毫无针对性的介绍是没有太大的效果的。销售员C虽然对客户的需求有询问,但是这样的询问很难达到预期效果,因为客户根本不知道什么样的款式适合自己。销售员D表现得太过直接,销售员E会让客户觉得销售员是在怀疑他的购买实力。

可以说,这几名销售员都不太让人满意。当客户说:"我觉得都不错,你能介绍一下吗？"其实客户是想听到销售员的建议与推荐，之后再做出判断分析，而销售员此时扮演的角色对于客户来说很重要。

那么，销售员如何探知客户的购买条件呢？可以从以下几点入手。

（1）询问客户喜欢多大规格的产品。规格越大，则价格相对较高。

（2）询问客户对品牌有什么要求。通常情况下，外资品牌往往比国产品牌的价格要高。

（3）询问客户对产品质量有何要求。客户所要求的产品质量越高，则价格越高。

（4）询问客户是在哪些场合使用。如果是客户自己用，一般会选择价格较低的；如果是工作场合使用或者是送人，一般会选择价格较高的。

销售员在了解客户的购买条件后，就可以根据客户的购买条件推荐相应的产品，这样才能使销售变得高效。

客户要的不是便宜，而是感觉占了便宜

人们总是希望花最少的钱买最好的东西，贪便宜是人们常见的一种心理倾向。在日常生活中会经常遇到这样的现象，譬如某商店甩卖、某超市打折等，很多人一听到这样的消息就会纷纷向这些地方聚集。

追求物美价廉是消费者普遍的心理，客户要的不是便宜，而是感觉占了便宜。身为销售员，要学会满足客户的这种心理需求，如果让客户有占了便宜的感觉，客户便会很爽快地购买你的产品。那么，具体该怎么做呢？

销售员可以将产品的利益用数字来具体说明，实实在在、清清楚楚的数字更容易打动客户。举个例子，如果你是销售净水器的，那么，你可以这样说："我们净水器的价格是非常经济划算的。您可以算一下，一般的净水器平均半年就需要换两支滤芯，每次需要花费4000元，4年下来

就需要 32 000 元。如果您购买了我们的净水器，您只需要花费 1.5 万元。所以，我们的机器价格虽是 5000，但是这样算一下。您能节省不少费用呢。"

将产品的利益用数字来具体说明，当客户有了占便宜的感觉后，就会很容易接受你推销的产品。

每个人都想享有优惠的权利

想得到优惠的心理人人都有，只不过有些人表现得很直接，而有些人表现得不明显，但是这种想得到优惠的心理是一样的。在产品质量相差不大的情况下，很多客户只看优惠力度，然后将它们逐一比较。

想得到优惠的心理通常是很强烈的，但有些人为了掩饰这种心理会撒谎，会用不同的谎言来掩盖想得到优惠的真实目的。身为销售员，要熟知客户的这一心理，在适当的时候给出一些优惠，以刺激客户的购买欲望。

一次规模宏大的电器展销会在北京的一家大型展馆开幕了。展览馆一共分为六层，众所周知，最好的展位是第一层与第二层，越往上，光顾的客户越少，而 C 电器公司不幸被安排在第六层。因此，C 公司的电器展厅几天下来几乎没什么人光顾，整个展厅显得很冷清。

眼看着展会就要结束了，C 公司展厅负责人很着急，他看着展厅内各种各样的电器，突然想到一个主意。第二天早上，这位负责人在展馆一层的入口处撒下了一些别致的名片，在这些名片的背后写着这样一句话："持有该名片者可以到六楼 C 电器展览厅领取一件小电器。"

这招果然很有效。这天，C 电器公司的展厅被人们围得水泄不通，工作人员应接不暇。这种状况一直持续到展会结束，超高的人气为该公司带来了丰厚的业务回报。最终，在参与这次展览的公司中，C电器公司成为了最后的赢家。

C公司之所以能够取得丰厚的回报，在于他们的销售策略得当。C公司成功抓住了人们想得到优惠的心理，以小优惠换来了大利润。

身为销售员，要清楚客户的这种想得到优惠的心理，不要忽视，更不要妄想让客户忘记。那么，具体该怎么做呢？我们总结了几点供大家借鉴。

对一些产品进行促销，让客户觉得买到了实惠

我们经常会发现绝大多数的商场中最畅销的产品往往不是知名度最高的名牌，也不是价格最低的产品，而是那些常常促销的产品。促销的目的之一就是让客户有一种占便宜的感觉，从而促进交易。通常情况下，一旦某种以前很贵的产品开始进行促销，消费者往往会觉得买了实惠，占到了便宜。

这种现象可以从心理学的角度上解释：当客户在外界压制下，产生强烈的心理不平衡时，很容易采取不理智的行动。换句话说就是，客户通常会在一种"在做活动时买会省很多钱，活动过后再买就亏了"的焦虑下，会强迫自己主动去购买。

在产品价格上给客户适当的优惠

很多人去菜市场买菜，有些商家在称完重量后，会将价格的零头抹掉，这样客户会感觉得到了一些小优惠，那么，他们就会经常到这些店来买菜，这也是商家为留住客户的一种手段。

身为销售员，在与客户交谈时，可以将价格的零头抹掉，这样客户会

感觉得到了优惠，那么，大多数客户都会成为你的回头客。销售员还可以将钱换成新的，找给客户新零钱，让对方感受到愉悦的消费体验，从而成为老客户。

馈赠客户一些小礼物

虽然每个客户都想占点小便宜，但偏偏又会有一种无功不受禄的心理，这就又给了精明的销售员可乘之机。他们总是能利用人们的这两种看似矛盾的心理，在未做生意或者生意刚刚开始的时候拉拢一下客户，送客户一些小礼物。譬如一张消费卡、一件小饰品，甚至是一个孩子喜欢的小玩具，等等。虽然这些礼物算不上很贵重，但起到的作用可能是决定性的，销售员很可能因为送客户一些小礼物而从竞争对手手中获得客户的订单。

给客户送一些小礼物的意义不言而喻，关键是要送对人、选对礼、送得巧、送得妙，否则会弄巧成拙。下面，我们从4个方面（图3-1）介绍如何送礼。

WHAT（送什么） WHO（送给谁） WHEN（何时送） HOW（怎么送）

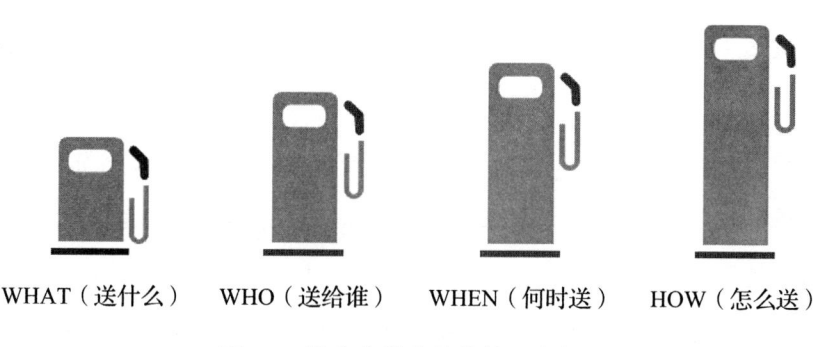

图3-1 给客户送小礼物的4个方面

- WHAT（送什么）

很多销售员很纠结，给客户送礼到底该送些什么呢？我们总结了一

高情商销售课
GAO QINGSHANG XIAOSHOU KE

点：不选贵的，只选对的。

陈剑是建材行业的销售员，销售业绩一直不错。这天，陈剑去拜访客户王总，这已是第二次拜访了，但王总对他推销的产品并不感兴趣。因此，从陈剑一进门，王总就一直在打电话，陈剑只好在一旁等着。

一个小时过去了，王总还在打电话，陈剑有些不耐烦了，但是又不好说什么。就在陈剑百无聊赖时，王总的秘书敲门进来，王总一边用手捂住电话的听筒，一边问道："什么事？""王总，小张今天又带来了几张邮票，还不错，您一定喜欢，我给您放桌上了。"秘书一边说一边把邮票放在王总的办公桌上，王总应了一声然后又接着打电话。陈剑见王总并不打算理会他，又不好意思打扰他，于是留了张字条就回去了。

回到公司，他马上找到公司对外联络部的办事人员，从他们那收集了一堆邮票。经过整理后，这天，陈剑又来拜访王总。王总一见陈剑，脸色马上就沉了下去。陈剑半句不提合作的事，只是将一本册子放在王总面前，说："王总，我知道您喜欢集邮，今天带了一些邮票过来，希望您喜欢。"王总一听是邮票立刻精神了许多，于是打开册子，看到里面的邮票顿时欣喜异常，对陈剑说："真的是太感谢你了，这些邮票大部分是我一直收集无果的……"就这样，王总讲起了自己收集邮票的事迹。

陈剑静静地听着，王总眉飞色舞地讲了十多分钟，最后问陈剑："我想看看你之前提的项目。"就在陈剑回到公司的第二天，王总打来电话让他马上过去签单。

从上述案例中可以看出，陈剑之所以能顺利拿下订单，就是因为他送客户一些小礼物——客户非常喜欢的邮票，而这些邮票没有花一分钱。简单地说，给客户送礼并不在于礼物价值的多少，但必须是销售员花心思为客户挑选的。所谓的恰到好处，就是送给客户的礼物正合对方的心意。譬如，这个邮票是客户正好需要的，满足了对方的兴趣。

● WHO（送给谁）

馈赠的作用在于你告诉客户，他们对你很重要。因此，选对人、送对礼可以瞬间拉近和客户之间的关系。销售员除了要向决策者送礼，关键的时候还要向关键的人物送礼，哪怕是一些小人物，只要他们有利于你的推销，那么，就不妨将你准备的小礼物送出去。

● WHEN（何时送）

雪中送炭往往胜过锦上添花。因此，销售员要对客户多做了解，发现对方的真实需求，再给他送礼。换句换说，就是投其所好。在客户需要的时候送，而这种送礼的方式可以避免与其他的竞争对手相冲突。

● HOW（怎么送）

给客户送礼是销售过程中最常见的一种销售手段，如果你的礼物太普通，而对手送的礼物更能够让客户感到意外，那么，客户很可能就会选择你的对手。因此，销售员不仅要选对礼方式，送的礼物还需有新奇之处，太过平常的礼物很难赢得客户的兴趣。

为客户提供免费送货服务

有些产品可能相对比较沉重，不方便携带。譬如，一对老夫妇去家具城购买家具，将家具带回家需要耗费很多的时间和精力。但是，如果你为客户提供免费送货服务，那么，客户会很感动并很有可能成为你的忠实客户。

身为销售员，可以针对自身推销的产品，申请为客户免费送货。譬如，在客户的订货达到了一定数量或者订单金额达到了一定额度时，销售员可以为客户提供免费送货、安装、调试等服务，这样不仅可以在客户的心中留下好印象，还能让客户成为你的忠实粉丝，一举两得。

用产品附加值提高客户的满意度

产品附加值指的是除产品本身的核心质量以外的所有价值，这些价值正是在一定时期内，消费者购买产品最期望获得的好处或者利益。

在这个物质丰盈的时代，消费者随时随地都能够买到自己需要的产品，但为什么客户就是不买你的？为什么会有那么多的拒绝？每天都有销售员被这些问题困扰着。

其实，这是由于产品同质化现象不断地冲击着消费者的传统购物观念，而人们的消费模式已从"物质"消费转向了"感受"消费，逐渐倾向于品味、感性、心理满足等抽象的标准。

对于客户来说，在哪都能够买到同样的产品，这里的服务态度不好，可以到服务周到的地方购买；对这里的产品不满意，可以选择满意的地方购买。因此，产品的附加值在消费者心中的地位越来越重。在销售的过程中，客户购买的不仅仅是产品本身，他们也看重产品的附加值。

一天，一对夫妇到店里看车。他们边看边说这辆车的外观不好看、那辆车的价格太贵、这辆车的耗油量太大，几乎把店里每辆车都说得一无是处。

要是其他的销售员，也许早就生气地将他们赶出去了，但是乔·吉拉德不仅没有生气，还笑着对他们说："既然你们不喜欢我们店里的车，那你们究竟喜欢什么样的车呢？这样吧，我开车带你们去别的地方买你们想要的车。如果你们喜欢哪款车，我可以免费帮你们谈判，因为我知道它的利润空间，你们看这样可以吗？"

这对夫妇听完乔·吉拉德的话后很吃惊，这个销售员要带自己到别的车店去买车，服务能够做到这种程度真是太不可思议了。但是，这对夫妇还是同意了乔·吉拉德的建议。

于是，乔·吉拉德便陪着这对夫妇到别的车店去看车。几个小时后，他们又回到了原地。突然，客户说："我们决定了，还是购买你们的车。"

乔·吉拉德便很惊讶地说："你们不是对我们店里的车不满意吗？"

客户说："是的，我们对你店里的车确实有些不满意，但是你的服务态度是非常好的，冲你这服务态度，我们决定购买你推荐的车。"

乔·吉拉德之所以能够成功拿下订单，在于他为客户提供了优质的服务，为产品提供了附加值。美国营销专家维特曾说过这样一句话："未来竞争的关键不在于企业能够生产什么产品，而在于产品能够提供多少附加价值。"

所以，在销售的过程中，客户想要的不只是产品本身，还包括了更多的产品附加值。身为销售员，如果能够抓住并利用客户想要得到更多额外附加值的心理来推销产品，那么，推销成功便是一件水到渠成的事。

为客户提供良好的服务

成功学大师陈安之曾说过："68%的潜在客户没有购买你的产品，原因在于他们认为销售员的态度不佳，未能促使他们对产品产生兴趣；14%的潜在客户之所以不购买你的产品，原因在于他们认为销售员的言词不真实。"

所以说，客户购买的不仅是产品，还包括你的服务态度以及服务精神。因此，身为销售员，只要用友好、诚心诚意的服务态度为客户服务，那么，客户购买你的产品也就是顺理成章的事了。

曾经有一位保险销售员，他每年的年收入超过500万人民币。有人曾经问他："一般的保险推销员可能拜访客户一次，不买，他就放弃了。你的收入这么高,你曾经拜访客户最长的一段时间是多久?"

他说:"我曾经拜访过一位客户超过十五年。虽然这位客户没有购买就去世了,但是这位客户的儿子购买了,还是最高额的保单,他连保单的内容都没看。"向他提问的人很纳闷地说:"为什么他连保单内容都没看就投资了这么高的金额?"销售员回答道:"他已经看了十五年了,还需要再看吗?"

由此可见,想要实现销售目标,就要为客户提供热情周到的服务。客户是在购买产品,更是在购买销售员的服务。用服务提高产品的附加值,用产品附加值提高客户的满意度。

向客户推荐相关联的产品

有些客户去商场买东西,有时可能会在同一家商店相中几款服装,每一款都很喜欢,可是又不能全部买下。在客户左右为难时,身为销售员,要根据客户的身高、体型等,为客户挑选最适合他的服装。如果客户穿在身上很满意,销售员同时还可以为其推荐其他相配的服装,让客户穿在身上更加迷人、漂亮。

销售员不只是卖产品,更多的时候是要帮助客户挑选产品、组合产品,提高产品的附加值,这样才能让客户更加满意,让对方觉得物有所值。

譬如,如果你是家具销售员,你可以告诉客户一张床的价格是2500元,加上床头柜等家具,一套才3500元;如果你是化妆品销售员,客户想买一瓶洗面奶,你可以告诉客户,一瓶洗面奶的价格是50元,一瓶洗面奶加一瓶爽肤水的价格是75元,买套餐更实惠,等等。所以,在销售产品时,销售员要善于向客户推荐相关联的产品,提高产品的附加值,给客户创造更大的价值。具体可以从以下几点入手(图3-2)。

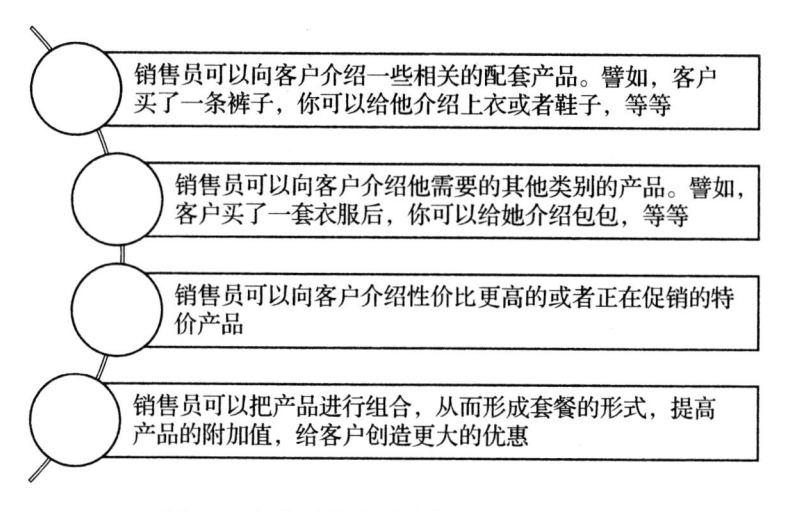

- 销售员可以向客户介绍一些相关的配套产品。譬如，客户买了一条裤子，你可以给他介绍上衣或者鞋子，等等
- 销售员可以向客户介绍他需要的其他类别的产品。譬如，客户买了一套衣服后，你可以给她介绍包包，等等
- 销售员可以向客户介绍性价比更高的或者正在促销的特价产品
- 销售员可以把产品进行组合，从而形成套餐的形式，提高产品的附加值，给客户创造更大的优惠

图 3-2　销售员做关联销售时可入手的 4 点

你给客户面子，客户就会给你单子

"抹不开面子"是人们普遍存在的一个心理弱点。中国人最看重的就是"面子"，不管是求人办事还是销售，如果让对方有"面子"，那么很多问题都很好解决。在销售活动中，聪明的销售员通常都会给客户展示自己"面子"的机会，很多"好面子"的客户多半会投桃报李，让对方也有"面子"。通俗地说，就是你给客户面子，客户就会给你单子。

程青青是一家奥康品牌皮鞋专营店的销售员，有一次，店里来了一位穿着很体面、大概四十来岁的客户。他一进门，程青青就迎了上去，说："欢迎光临，请问有什么能帮助您的吗？"

客户很爽快，开门见山地说："我想看看皮鞋。你们这有不用系鞋带的、41 码的皮鞋吗？我想试试。"

程青青转身从柜台上取了一双看起来很考究的皮鞋，说："先生，您看看这双皮鞋如何？最近刚上架的，很有品位。"

"看起来很不错，我先试试。"客户说道。

"嗯，很不错，大小正合适，穿起来也很舒服。这双鞋售价多少？"客户前后看了看鞋，问道。

"1799元，先生。"

"怎么这么贵？能不能便宜点？"

"先生，是这样的，这款式的皮鞋是新上市的，款式新颖，所用的皮质都是上乘的，做工也很精良，是专门为像您这种成功人士精心设计打造的。您穿上这双皮鞋，更能够衬托出您的气质，依我看，简直是绝配！"程青青说道。

"是吗？看着是不错，好吧，就要它了。"客户很爽快地买下了这双皮鞋。

西方有句谚语："人性深处最深的渴望，就是渴望得到他人的恭维。"尤其是客户，得到销售员的恭维，就意味着得到了商家的尊重，面子上有光。从案例中可以看出，程青青正是抓住了客户的这一心理，恰到好处地夸赞了客户，让对方找到了当"上帝"的感觉，让对方的"面子"得到了充分的顾及，赢得了对方的欢心，从而促成了生意。这值得每一位销售员借鉴并加以利用。

那么，如何才能够让客户感觉到有"面子"呢？销售员可以参考以下几点。

适当地夸赞客户，拉近与客户之间的距离

很多优秀的销售员善于在与客户交谈的过程中，用赞美的话语来引起对方的兴趣，这样不仅可以让客户感觉到有"面子"，还能够缩短销售员与客户之间的距离，这是接近客户最有效的方法之一，非常有利于之后销

第三章
明喜好：想要钓到鱼，就要知道鱼吃什么

售活动的展开。

每个客户的心理需求不同，存在不同的希望被夸赞的地方。销售员在面对他们时，如果能够找准他们希望被夸赞的地方，很容易与客户建立起信任关系，这种信任关系往往会给销售员带来可观的业绩，这是销售行业的普遍规律。

李瑞凯是江苏一家室内装饰品公司的销售员，他所在的公司不但在江苏开展业务，而且还将业务拓展到其他一些地区。一次，李瑞凯领命前往上海拜访一位新客户。

"您知道您的姓氏在这个地区是独一无二的吗？"李瑞凯进入这位客户的办公室，面对客户，真诚地问道。"你说的是真的吗？我的姓氏是独一无二的？这点我还真不知道！"客户很惊异。

"的确如此，我下火车找您的住址时发现在这个地区只有您是这个姓氏。这可不是很容易遇到的事。"李瑞凯认真地说。"有可能，要知道我的姓氏可不是普通的姓氏，我的家族是从黑龙江迁过来的，已经有很长一段时间了，那时……"客户被勾起了兴趣，于是开始和李瑞凯谈起了他引以为傲的家族往事。

李瑞凯从对方的表情中了解到，他是一个愿意被赞美的人。于是，在对方讲完他的家族往事后，开始夸赞他和他经营的公司："您的公司是我见过最大、最有气魄的，您能管理这么大一个公司，还经营得有声有色。可见，您的能力非同一般！"

对方的脸上露出了灿烂的笑容，于是邀请李瑞凯参观他的公司。在参观的过程中，李瑞凯又恰到好处地赞美了对方公司高效的运营模式和管理经验，对方很高兴。参观结束后，客户坚持要与李瑞凯共进午餐。在吃饭过程中，李瑞凯说明了自己的来意后，对方并没有多加思考，就很爽快地签订了订单。

就这样，李瑞凯在没有花大量时间去介绍自己产品的情况下就与客户成功达成了交易。之所以会这么顺利，是因为李瑞凯恰到好处地赞美了对方，让对方找到了自己的存在感与价值，满足了对方的虚荣心，让其很有面子，从而拉近了彼此间的距离，买卖自然就容易了。

赞美是一种艺术性的表达行为。通常来说，赞美之词要满足对方在能力、知识、胸怀、见识上的心理需求。人人都有自己引以为豪的地方，销售员在赞美客户时一定要抓住对方最重视的地方适当地赞美，这样才能最大程度满足对方的心理需求。除此之外，销售员在夸赞客户时还需注意以下几点（图 3-3）。

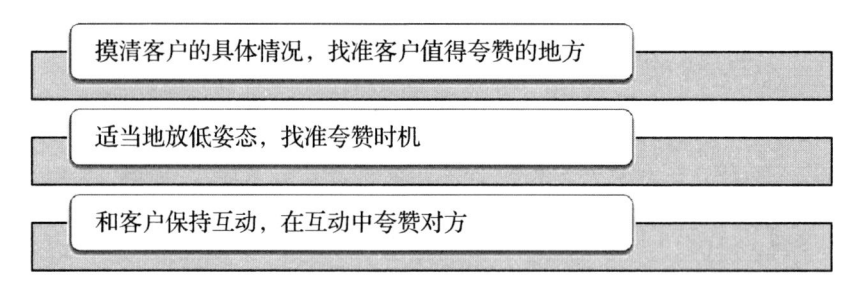

- 摸清客户的具体情况，找准客户值得夸赞的地方
- 适当地放低姿态，找准夸赞时机
- 和客户保持互动，在互动中夸赞对方

图 3-3　夸赞客户时需注意的点

多向客户请教问题，让对方感受到自己的价值

很多客户都有好为人师的习惯，这时，销售员的虚心好学可以成功激发客户的表现欲。销售员恰当地请教有利于改善与客户的关系，让对方感觉到自己的价值，自然就会赢得对方的欢心。

大卫是一名二手汽车销售员。一次，一位有购买需求的客户来看车。这位客户十分挑剔，不是说这辆车价格高，就是说那辆车车型不好，看了半天都没有自己满意的，于是离开了。过了几天，这位客户又来到了店里，转了一圈仍然没找到满意的。当他正打算离开时，大卫对他说："在鉴定汽车价值方面，毋庸置疑，您是一位专家，很少有人能够做到像您一样对汽车价值进行精准地评估。我们店里现在有一辆车，想请您帮忙看看，试试它的性能，然后您再告诉我这辆车别人应出价多少才合算。"

客户脸上浮起了笑容，欣然应允了大卫的请求。他试了试车，对大卫说："如果别人能够出价300美元买这辆车，应该是非常合适的。""真是太感谢您了，如果我以这个价格将这辆车卖给您，您看如何？"大卫问道。

"完全没问题，这样的价格我很愿意接受。"客户爽快地买下了这辆车。

大卫以请教的方式激发了对方的表现欲，从而赢得了客户的欢心，成功地卖出了一辆二手车。实际上，大多数人都受用别人的请教，因为这能够体现自己的价值。

就销售员来说，向客户请教可以从多方面入手。譬如，请教对方的管理经验，了解对方的创业史、个人优秀的才能，等等。当销售员带着真诚的态度，以请教的口吻与客户说话时，既让对方有面子，还很容易获得对方的欢心。

给客户高规格礼遇，让他觉得很有面子

每个人都有虚荣心，很多客户在购买东西时都想享受商家高规则的待遇，也就是想享受 VIP 待遇。实际上，一些客户花钱办 VIP 会员卡不只是想获得一些优惠或折扣，更大程度上是认为成为商家的 VIP 会员会很有面子，有一种自豪感。

所以，销售员要抓住客户的这种消费心理，适当地给客户以高规格礼遇，让客户获得心理满足，他们会更愿意与你交谈，从而购买你的产品或者服务。那么，如何让客户享受到高规则礼遇呢？譬如，销售员可以给客户免费办理会员卡；对于一些老客户，可以适当地提供一些会员之外的服务，等等。

有时，服务比产品更能打动客户

销售不仅仅是将产品卖给客户的过程，也是销售员向客户提供服务的过程。从这个角度来说，销售也可看成是销售员卖服务的过程。事实上，客户购买信心的提升在一定程度上得益于销售员良好的服务。当挑剔型客户遇上星级服务，挑剔也就不再是销售过程中的障碍，成交也将变得可能。

设想一下，如果销售员的服务没有让客户满意，那么销售活动就很有可能终止。所以，不得不承认，有时候销售员的服务比产品更能打动客户。

王力自毕业后就在一家办公用品销售公司上班，主要负责售后服务与复印机销售工作。由于他在学校时攻读的就是机械专业，加上他很喜欢机械修理，经常研究这方面的事情，所以，他的技术基础很好。刚到公司时，他就很认真地学习修理复印机的技术。

这一干就是五六年，由于他的服务态度好，技术佳，所以，赢得了很多客户的欢心。客户只要复印机有问题都会找他修理，而且很多客户还主动为他介绍客户。另外，他给客户的报价比市场上的价格要低，这些报价是他主动向公司为客户争取的。

客户通过比较，都知道他的价格最实在，都愿意找他购买复印机。他的业绩就在客户"一传十、十传百"的口碑中拓展开来，最终获得了"年度销售总冠军"的头衔，在公司受到同事和上司的肯定。

王力的销售之所以能够取得这么好的成绩，一方面是由于他精湛的技术，而另一方面就是他堪称完美周到的服务，这是最主要的。对此，王力在回顾自己成功的销售历程时曾说道："其实，最好的销售就是服务。"

这是他当上销售经理之后发自肺腑的感慨之言，这句话是他这些年良好服务的真实反映。在当销售员的这些年，他几乎没有主动地去拜访过客户，绝大多数业绩都是来自于客户的相互介绍。很多同事感觉很难的业务拓展，对他来说都不是问题。相反，越来越多的客户让他应接不暇。虽然每天的业务量越来越多，但他感到很充实。这份充实来自于他的坚信，他始终坚信，他服务的每一位客户都能够从他这里得到良好的服务，而这良好的服务必将给他带来更多的业务，这样就形成了一个良性循环。

在市场经济急速发展的时代，产品的竞争越来越激烈，各式各样的促销手段层出不穷。销售员要想在这种激烈的竞争中将自己的产品销售出去，除了要有优良的产品外，还要有良好周到的服务。

那么，销售员如何用服务去打动客户，让客户心甘情愿购买你的产品呢？可以从以下几点入手。

时刻以客户为中心，关注客户的需求

在市场竞争日益激烈的形势下，如果只是依靠产品的质量优良、功能齐全或价格低廉，是无法获得客户的青睐。对于销售员来说，在为客户提供服务的过程中，始终以客户为中心，关注客户需求，是非常重要的。

始终以客户为中心应是一种具体的实际行动，能够带给客户一种感受。譬如，主动帮客户解决问题，真诚地向客户表示歉意，为客户倒上一杯水，在客户生日时主动打电话问候，在客户等候时准备杂志以消磨时间，等等。

周岩是一名戴尔笔记本电脑销售员，有一次，他接到一位客户的电话，客户在电话里说不小心将电脑摔在地上，显示屏变得很模糊，想申请售后。通常情况下，像这种因客户自身原因所造成的产品损坏，厂家一般会免费维修，但是损坏的零件需要客户自己买单。

于是，周岩把售后服务的一些情况告诉客户，征得客户同意后亲自带着维修工程师上门为客户维修。工程师为客户更换了显示屏，并对电脑进行了一次免费的全面维护。临走前，客户感动地说："像这种由于客户自身的原因造成产品损坏，很多商家是不会提供售后的，我原本只是抱着试试的心态，没想到你们不仅提供了售后服务，还亲自登门，真的是太感谢你们了。"周岩说："为客户解决问题是我们的责任，如果您在之后的使用过程中遇到了问题，都可以给我们打电话，我们一定会尽力帮您解决问题。"周岩的服务令客户很感动，还将身边有需要的朋友介绍给了周岩。

日常生活中，沟通效果取决于对方的回应，服务也是如此。在销售的过程中，要想取得更好的成果，一定要让客户感受到你是处处为他着想，以他为中心，关注他的需求。这样客户才会对你以及你的产品产生好感，才有忠诚度可言。

用语言展现服务热情

人人都渴望得到别人真诚的关怀，哪怕只是一句温馨的问候；每个人都希望得到快乐，哪怕是陌生人给予的关心或者赞赏。身为销售员，要想征服客户，就必须要了解对方的需求以及心理，主动关心客户，用语言展现自己的服务热情，从而赢得客户的信任。

语言是交流思想、传递信息、沟通情感最重要的手段和媒介。身为销售员，要善于用语言的魅力征服客户。通常，销售中的语言主要分为两种（图3-4）。

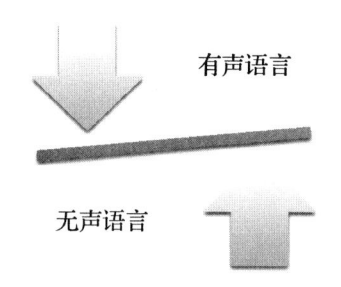

第三章
明喜好：想要钓到鱼，就要知道鱼吃什么

图3-4 销售语言的两种分类

所谓的有声语言。指的是口头语言，是销售员向客户推荐产品、传递信息的最重要的沟通方式。那么，销售员如何通过有声语言来展现自己的服务热情呢？

通常，有声语言中的礼貌用语最能够提现对客户的尊重，进而拉近销售员与客户之间的心理距离。试想一下，客户耳边若总是回响着"您好""欢迎光临""慢走""很高兴为您服务""欢迎下次光临"等温馨的话语，他们的心情肯定非常愉悦，在享受购物的喜悦之余，还能够享受到销售员热情的服务。受此感染，他们也会以心换心，配合销售员的工作。

因此，销售员在运用有声语言和客户交谈时，要做到语调平和、语气温馨、语音低婉。切记不要用指责、命令的口气，要以理服人，以礼让人，使客户发自内心地接受交流。

所谓的无声语言，指的是身体语言。一个动作、一个眼神、一个姿态等，无时不在展现销售员的文化素质、精神风貌以及业务能力等形象。身为销售员，在客户来到服务区时，给予客户一个主动的迎接动作；在客户支持销售员工作时，给予客户一个由衷的微笑等，都能够达到"此时无声胜有声"的效果。这种方式自然、柔和、亲切，能够有效缩短销售员与客户之间的心理距离，给客户一种贴切、真诚的感受。

语言艺术的好坏直接影响销售员的服务质量，销售员要善于运用语言的魅力，在销售过程中解决难题，取得最佳的服务效果，为之后的销售活动打下基础。

让客户获得与知己聊天的感受

身为销售员，和客户的交谈适宜在友好和谐的气氛下进行。在这种气氛下，客户会觉得是在与一个知己进行交谈，会有利于销售活动的展开。但是，怎样才能够让客户感觉和你谈话就像是在与知己谈话呢？关键是要想办法拉近彼此之间的心理距离。

艾特是一名保险推销员，他很善于与人打交道。一次，他去拜访一位客户，希望这位客户能够买他推销的保险。两人一见面，艾特就施展了善于与人打交道的本领，和客户交谈了起来，两人的谈话持续了6个小时。艾特告辞时，客户很高兴的说："时间过得真快，与你交流很开心。"

过了一段时间，艾特又去拜访了这位客户。客户一见是艾特，很高兴地将他请进屋里，两人像是许久未见的老朋友，从下午两点一直谈到晚上七点。第三天，客户邀请艾特去他家做客。此时，客户已经不把艾特当成一名销售员，而是将他视为自己无话不谈的老朋友。

最终，客户才想起艾特还是一名保险推销员。不过此时，他已不介意对方的身份了。最终，他从艾特手中他给家人买了一份巨额保险。

艾特成功了，他的情感投资使他得到了丰厚的回报。

作为一名销售员，在与客户交谈时，如果能够拉近与客户之间的心理距离，让对方感觉到像是与知己聊天，那么，对方自然会敞开心扉，这样有利于后面推销活动的开展。

如果对方抛开生意上的谈判，与你交流生活，说明他对你有好感，试图与你交朋友。这时，销售员要找准自己的位置，扮演好客户贴心知己、倾吐对象的角色。在这，需要注意以下几点（图3-5）。

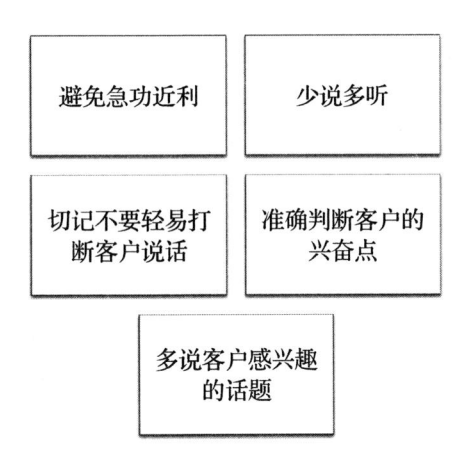

图 3-5 与客户聊天时需要注意的要点

第四章

赢信任：有效解除客户的心理防线

客户都有怕上当受骗的心理，这很正常。对于销售员来说，客户有这种心理是推销的一种障碍，同时也是一种契机。身为销售员，如何赢得客户的信任，解除客户的心理防线，将不利化为有利，让客户的担心变成放心，这对销售员来说是一项挑战。本章节为大家介绍几种赢取客户信任的方法，希望能够帮助到大家。

用别开生面的开场白吸引客户

社会心理学研究表明,"开场白"往往是人际交往过程中的一个重要组成部分。别开生面的开场白能够激起对方的兴趣,有利于抓住对方的心,从而实现有效沟通,这就是销售界常说的"开场白效应"。

人们常说"万事开头难",销售产品也是如此。现代销售理论奠基人——戈德曼博士曾说过这样一句话:"客户听第一句话远比听你后面的话更加专心,如果客户连你第一句话都不感兴趣,那么,他不会再浪费时间听你继续说下去。"因此,销售员要想赢取客户的信任,首先第一句话就要抓住客户的注意力,这样才能保证销售活动的顺利进行。

罗恒是一家营销培训机构的业务员,负责向客户推销营销技巧培训课程。有一次,罗恒去拜访一家公司的老总,进门之后,前台的接待员微笑地说:"您好,先生!请问您找哪位?"

罗恒:"您好,我想问一下你们老板在吗?"

前台:"哦,我们老板刚谈完生意回来,请问您有预约吗?"

罗恒:"很抱歉,我来得有点仓促。不过,我有非常重要的事情要见他,您可以帮忙通报一声吗?"

听到罗恒没有预约,前台接待员的热情消失了,不管罗恒怎么说都不为他通报。于是,罗恒郑重地对她说:"我确实有很重要的事要与你们老板商量,如果耽误了时间,我们谁都承担不了责任。"

前台接待员半信半疑,但又怕真误了正事,迟疑了片刻说:"那我该如何通报呢?"

罗恒想了想说:"你就直接说我叫罗恒,是专门来给他送钱的。"

第四章
赢信任：有效解除客户的心理防线

前台接待员看罗恒满脸严肃，并不像是开玩笑的样子，于是只好照办了。果然，不出罗恒所料，该公司的老总很快就接见了他。

"你就是罗恒？"罗恒刚踏进办公室就被对方冷冷的打量着，对方的话语中明显夹杂着火药味，"你说你是专门来送钱的，请问你是怎么个送法？"

"是的。"罗恒从容地回答道："如果我能够帮助您的公司提高15%～25%的业绩，您说是不是将钱给您送上门呢？"

"你真的可以做到？"对方的语气有了明显的缓和，随之更多的是好奇。

"对于任何一家公司来说，怎样制订营销战略规划与战术手段，建立公司的竞争优势，是决定公司生死存亡的大事，而我们所推广的营销课程能够帮您有效解决这一难题……"

罗恒的一句话"我是专门给您送钱的"成功激起了对方的好奇心，从而获得了接见的机会，为之后的推销活动打下坚实的基础。

一句成功的开场白应具有强大的吸引力，能够激起对方的兴趣，让对方在百忙之中抽出时间来听你解说详情或者深入介绍产品，从而为最终的交易迈出关键的一步。那么，销售员如何利用开场白来吸引客户呢？可以从以下几个方面入手。

拿"钱"说事，激发对方的好奇心

在销售的过程中，客户最关心的永远是产品能够为自己带来多少利益与实惠，譬如能够提高多少效益、减少多少成本、是否方便生活，等等。销售员在拜访客户时，当提及一款产品或者一项服务时，对方的第一反应就是："对我有什么用？"当确定对自己有用，接下来，他们才会花时间去了解，最后才会决定买不买。

追逐利益是人之本能。因此，销售员可以利用人们追逐利益的心理，开门见山地告诉客户你的产品能够给他带来哪些利益。简单地说，就是拿"钱"说事，激发对方的好奇心。因为大家都对钱感兴趣，赚钱和省钱的方法就很容易吸引对方的注意力。譬如：

"刘经理，我有一个能够帮助您的公司节省一半电费的方法，您愿意花几分钟了解一下吗？"

"杨厂长，我们的机器比你现在用的机器生产速度更快、更精准、耗电更少，能够降低您 25% 的生产成本……"

面对这样的诱惑，对方听到之后，相信一定愿意花时间去了解，那么接下来销售员要做的就是产品介绍与说明。只要销售员能够证实自己的服务和产品能够给客户创造利益或者帮助他们提高业绩，那么，客户自然就会拍板决定购买你的产品。

向客户请教问题，拉近双方的距离

孟子曾说过："人之患在好为人师。"意思是一个人的最大缺点就是喜欢当别人的老师。大多数人都有好为人师的心理，喜欢教育、指导别人，来显示自己的资历或者才能。销售员可以利用客户的这一心理，找一些不懂或假装不懂的问题去请教客户。通常情况下，客户都不会拒绝。

销售员抱着请教、学习的心态接近客户，这种方法往往可以让对方把内心的愉悦表现出来。与此同时，客户感觉与你投缘，自然愿意与你交流，这样销售活动就变得简单了。日本"销售之神"原一平就经常用这种请教式开场白来接近客户：

原一平敲响客户家的大门，为他开门的正是他要拜访的对象。于是，原一平开口说道："川口先生，您好！"

"你是哪位，找我有何事？"对方面带疑惑地问道。

原一平："我是明治保险公司的业务员原一平，我今天专程来找您是有两件事想请教知识渊博的您。"

"知识渊博？"对方不解地问道。

"是的！我打听了，大家都说这附近只有您知识最渊博，我请教的问题也只有您能够为我解答。"

"哦，真是不敢当。既然这样，你想请教什么问题呢？"

"实不相瞒，我想请教的是关于怎样有效规避风险和税收的事。"

"在外面说话不方便，咱们进屋说吧！"

就这样，原一平通过了第一关，达到了接近客户的目的。由此可见，销售员如果能够将请教问题的说话技巧运用到销售工作中，能瞬间拉近与客户之间的距离。

销售员在采用请教问题式开场白时需注意几点（图4-1）。

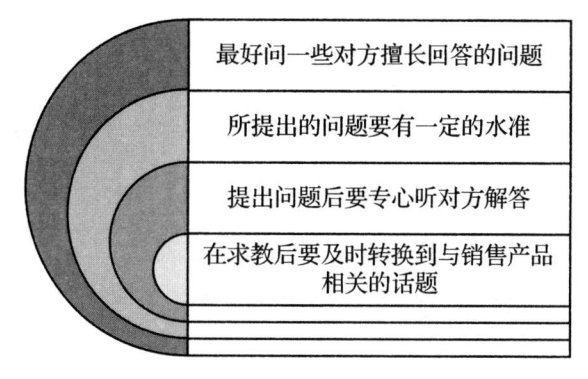

- 最好问一些对方擅长回答的问题
- 所提出的问题要有一定的水准
- 提出问题后要专心听对方解答
- 在求教后要及时转换到与销售产品相关的话题

图4-1 销售员采用请教问题式开场白时需注意的事项

真诚地赞美，指出对方的独特之处

每个人都喜欢听好话，客户也不例外，巧用赞美是销售员打开与客户沟通之门最常用的手段。销售员在赞美客户时需找到对方的独特之处，然后真诚地赞美对方。相反，如果赞美不到位，那就成了拍马屁，会让对方厌烦。

有位销售员的业绩很好，同事们都很羡慕他，于是就有人问："你去客户家里推销成功的秘诀是什么？给大家分享一下吧！"

推销员说："每次我去登门拜访客户，看到家庭主妇开门，我第一句话就是：'小姑娘，你妈妈在家吗？'"

这位销售员很聪明，故意用"小姑娘"这一称呼，间接地赞美了家庭主妇的年轻，这十分符合大多数女性渴望年轻的心理需求，所以很容易赢得她们的好感，从而为接下来的销售工作做好铺垫。

提及有影响力的第三人，迅速增加对方的信任度

现代社会，陌生人之间的信任越来越稀缺，特别是对陌生的销售员，大多数人都心存戒心，这是令很多销售员头疼的问题。但是，人们对于身边的同事、邻居、朋友、亲人往往比较信任，销售员如果能够利用好这层关系，可以帮助其节约很多精力和时间。据调查，通过他人引荐接近客户的方法很奏效，成功率高达 65% 以上。

他人引荐主要有两种（图 4-2）：他人直接引荐与他人间接引荐。销售员如果能够找到一个客户认识的人，此人也愿意为他们牵线搭桥，那么，销售员就可以这样说："吴先生，我是您的朋友×××介绍我与您联系的……"当对方听到这样的话时，一般都会很痛快地接受你的来访，并且对你热情接待。

⬆ 他人直接引荐

⬇ 他人间接引荐

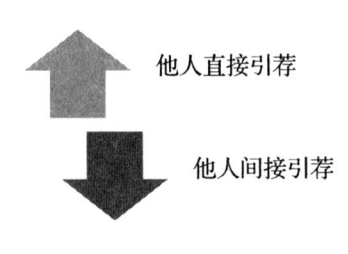

图 4-2　他人引荐的两种类型

在这需注意的是，你向客户提及的人必须是对方熟悉，或者是值得信赖、有权威的人，如果可以的话，尽量请他亲自与客户提前打好招呼。

他人间接引荐的方式有很多，譬如电话、信件、名片，等等。打着别人介绍的旗号可以为自己壮大声势，虽然这招很有效，但销售员需注意的是，一定要确有其人其事，绝对不可以凭空编造，否则客户一查对，就会露出马脚，结果会很糟糕。

向客户传达你是一个负责的人

在销售的过程中普遍存在这样一个问题，客户对销售员大多存有一种不信任的心理。他们认为，从销售员那获得的有关产品的信息在一定程度上包含着一些虚假成分，甚至存在一些欺骗的行为。因此，很多客户在和销售员交谈的过程中会认为销售员的话一般都不可信，通常不会太在意，或者有时候会与销售员争辩。

客户之所以会有这样的顾虑大多是因为在他们以往的生活经历中曾遭遇过欺骗，所买到的产品不能够满足他们的需求，或者是在电视上看到过一些有关客户利益受损的案例等，所以，他们才会对销售员心存芥蒂，尤其是上门推销的销售员。

戴雄是北京中关村一家电脑公司的销售员，一次，他打电话给一位客户："您好，朱经理，我是×××电脑公司的小戴，是上次和您洽谈订购我们公司电脑的销售员，您还记得吗？"

"哦，是你呀。你推荐的电脑我看过，整体感觉不错，性能也很好，不过我还想再考虑考虑。"朱经理回答道。

"身为经理，您考虑得很周到、细密。我想问问您，您主要考虑的是哪些方面呢？"戴雄进一步问道。

"其实你们的电脑很不错，就是售价过高，其他公司的电脑和你们公司的电脑配置相差不大，但是在价格方面比你们更便宜一些。"朱经理回答道。

听完朱经理的回答，戴雄并没有争辩，说："好的，我知道了。再想问问您，除了价格外，您在购买电脑时还会关注哪方面的问题呢？"

"除了价格就是售后了，这一点很重要。"

"那好，您知道我们公司的服务吗？"

"这个不是很清楚，我比较关心的是你们公司的技术工程师什么时候下班。"

"通常情况下，我们公司的技术工程师都是晚上十一点半才下班，但是他们的手机二十四小时都开机，如果客户遇到什么问题，我们可以做到随叫随到。"戴雄回答道。

朱经理似乎有些松动，戴雄感觉到了这一点，于是问："朱经理，您看我们的产品质量、技术服务都很好，性价比很高。虽然价格略高，但价格与质量、服务往往是成正比的，好的质量、服务必然对应好的价格，您说是吧？"

"你说的对，一分价钱一分货，不瞒你说，我在考虑是买品牌机还是兼容机，毕竟兼容机的价格相对便宜一些。"

"我很理解您想为公司节省开支的想法，但是相对于品牌机，兼容机在使用的过程中很容易出现问题，即便有售后服务也很麻烦。品牌机虽然要贵一些，但是它的性能比较稳定，不容易出问题。从长远利益来看，我建议您买品牌机。"戴雄耐心地解释道。

"谢谢你为我们公司着想，看的出你是一个很负责的销售员，你可以再跟我说说你们公司品牌机的一些情况吗？"

戴雄知道对方已经有购买意愿了，于是开始详细地给朱经理介绍自己公司的品牌机。

上述案例中，戴雄真诚、有耐心地给客户解答疑问、介绍产品，不仅让对方觉得他是一个负责的人，还增强了对方对他以及他的产品的信心，激发对方的购买欲望，使销售活动向着成交的方向发展。

林肯曾说过："每个人都应该有这样的信心，人所能负的责任，我能负；人所不能负的责任，我亦能负。"责任不是外加在人身上的义务，而是对所关心的事作出的反应。一个敢于承担责任的销售员，就是敢于赢取最大利益的销售高手。

在销售的过程中，首因效应是存在的，即给客户的第一印象是好是坏，通常是客户记忆最深刻的。因此，要想赢得客户的信任，销售员必须向客户传达自己是一个负责任的人。

那么，销售员如何向客户传达自己是一个负责的人呢？可以从以下几点入手。

为客户考虑，把客户放在心里

销售过程是买卖双方进行判断与认同的过程，在这个过程中，只有双方的利益都得到了满足，交易才有可能实现。身为销售员，要想向客户传达你是一个负责的人，首先要站在客户的角度想问题，真心为客户的利益着想。

只有双方的利益都能够得到满足，合作才能长久。那么，在销售的过程中，如何才能让客户觉得你是在为他着想呢？

第一，让客户清楚地了解到购买你的产品可以带来的利益。需要注意的是，销售员在向客户说明购买产品可以从中获得的利益时，态度一定要诚恳，要表现出是真心诚意为对方的利益着想。同时也要实事求是，以提高客户对你、对你的产品的信任度。

第二，让客户明白合作能够为双方带来哪些好处。

第三，从客户的立场了解对方的需求。当客户的需求被满足后，通常会主动做出成交决定，这就要求销售员在向客户推销产品时，要尽可能地从对方的实际需求出发，真正关心客户的利益。

第四，真诚的服务。当今社会，商品同质化日益严重，真诚的服务越来越成为销售过程中一个重要的组成部分，它客户衡量产品性价比的重要内容。身为销售员，要想获得客户的信任，就要给其提供真诚的服务。

对客户的质疑要不厌其烦

在销售的过程中，难免会遇到一些挑剔的客户，他们会对你的产品或者服务有着各种各样的质疑："这款手机为什么附带那么多我用不了的软件？""这款洗衣机是不是很费电？是一级能效吗？""你们公司的售后服务电话为什么一直打不通？是在敷衍客户吗？"

质疑和诘难铺天盖地，让销售员疲于应付。实际上，作为产品的准购买者与使用者，这种质疑是他们追求安全的心理需求所导致的。客户提出各种各样的质疑与挑剔，一种可能是产品或者服务真的在某一方面存在不足，另一种可能是销售员的介绍不到位、不清楚。俗话说"嫌货人才是买货人"，因此，身为销售员，在面对这些疑问时一定要耐心解答，向客户传达你是一个负责的人，让客户放心。

在一场汽车展览会上，一位客户参观了展览的汽车后，止步于一个展位前。该汽车展位的销售员很有经验，他给客户详细地介绍了自己推销的汽车品类。听完销售员的介绍后，这位客户指着一辆小型车说："我刚才看到别的展位也有与此类似的车，可是人家的排量是1.5升，而你们这款车的排量才1.3升。"

听完客户的质疑后,销售员解释道:"的确,虽然我们这款车的排量比其他的略小,但是动力是足够的。事实上,我们这款车的排量之所以设计为1.3升,是为了在满足客户需求的基础上力求节省燃料,是站在为客户省钱的角度才这样设计的。"随着销售员的解释,客户不断点头。这时,客户又说:"这款汽车的噪声比其他汽车要大。"销售员解释道:"您说的没错,这款车的噪声相对较大一些,但是……"

之后,该客户又提出了很多问题。面对客户的质疑,销售员都一一为其解答,丝毫没有抱怨。最后,这位客户当场签单购买了这款小汽车。

在这个案例中,产品在一些方面遭到客户的质疑。但是,该销售员的介绍和说明以及耐心的解答,向客户成功地传达了自己是一个负责的人,为产品增加了附加值,最终让客户满意地接受了现状。

用承诺消灭客户的疑虑

客户都有一种害怕上当受骗的心理,这是很正常的。客户对销售员所提供的产品或者服务表现出疑虑,是其害怕上当受骗心理的一部分,尤其是当客户遇到数额、风险较大,单价过高,且自己不了解的产品时,这种疑虑会更严重。

面对这种情况,身为销售员,如果能够及时地给客户提供一份可靠的承诺,向客户传达你是一个负责的人,那么,对方的疑虑就会大大的消减。销售员靠谱的承诺会大大增强客户购买的意愿,进而促成其购买行为。

某公司的软件系统经常出现问题,影响员工的工作效率,公司的负责人薛总很着急,他决定重新购买一款新的软件系统来替换当前使用的软件系统。

肖杰是一家软件公司的销售员,他获知这个消息后立刻前往这家公司拜访薛总。薛总在听完肖杰的介绍后，觉得这款软件很不错，但是由于公司目前使用的软件质量不高，怕再次买到质量不高的软件系统。通过薛总的表情，肖杰看出了他的疑虑，于是他郑重承诺："薛总，如果您的公司订购了我们的软件，我会亲自送货、安装、调试，一切免费。如果软件在运行的过程中出现了质量问题，我们公司不仅会退还您购买软件的钱，还会赔偿您因此带来的一切损失。这是我的承诺，也是我们公司的郑重承诺。"

薛总看肖杰承诺得很有自信，觉得他是一个负责的人，于是心中的疑虑消除了不少，想了想说："看你信心很足，那就试试吧！"就这样，薛总从肖杰公司订购了一款新的软件系统。

在这个案例中，薛总由于有前车之鉴，所以在肖杰介绍完新产品的情况之后表现出了犹豫不决。而这时，肖杰看出来他的疑虑，于是做出了郑重的承诺，向对方传达自己是一个负责的人，从而打消了对方的疑虑，最终成功地让对方购买了自己推销的软件系统。

销售员用承诺消除客户疑虑的方式可以让对方感觉到你是一个负责的人，从而增强对方购买产品的信心，直接影响到对方的购买行为。但是，销售员在做承诺时，需要注意以下的两点（图 4-3）。

根据自身的能力做出承诺。事实是承诺的依据，如果不建立在有能力做到的基础上，不但不会换来订单，还会引起客户的不信任。即使有能力实现，也不要做出过度的承诺，一定要三思而后行

在给客户承诺之前，要看准对方成交的心理障碍，有针对性地做出承诺，消除对方的疑虑

图 4-3 做承诺时需注意的两点

第四章
赢信任：有效解除客户的心理防线

每个客户背后都有 250 个潜在客户

美国著名推销员乔·吉拉德在漫长的推销生涯中总结了一套 250 定律：意思是每位客户可能会间接地给你带来大约 250 位客户，如果成功赢得了一位客户的好感，那么就意味着你赢得了 250 个人的好感；反之，如果你得罪了一位客户，也就意味着你损失了 250 个准客户！

这一定律有力地论证了"客户就是上帝"的真谛。每个客户背后都有一个数量不小、相对稳定的群体，这就要求销售员必须认真对待身边的每一位客户，与他们保持良好的关系，不要怠慢客户，站在客户的角度想问题，公平地对待他们，并满足他们的需求，这会使你的销售工作容易许多。

被誉为日本保险推销女神的柴田和子，她的服务理念就是将每一位客户都当成唯一的客户来对待。

有一天，一位从事设计工作的客户打来电话，对柴田和子说："我想为我的妻子和我的孩子投保，请你派一位秘书或者是任何一位工作人员过来就可以。"柴田和子："您是我最重要的客户，即使我再忙，也要亲自过来看看您。"

客户说："好久不见，估计你已经忘记了怎么来我们公司吧！"柴田和子："您的公司位于东京最繁华的街道，办公区分为两层，第一层是设计部，第二层是策划部，您的办公室是一个金属玻璃门……"客户听完后感动地说："你的记性真好，永远把我当回事，真的是太感谢你了，像你这么负责的人很少见，在你这投保，我大可放心了，以后我身边的亲戚朋友想投保，我会向他们推荐你的。"

很快，这位客户就与柴田和子签订了一份 50 万投保协议，并将柴田和子介绍给了公司的其他同事。

每位客户的背后都有无数的潜在客户，这就要求销售员必须认真地对待身边的每一位客户。客户满意了，他才可能给你带来更多地客户。那么，销售员要如何善待自己的客户呢？可以从以下几点入手。

对每位客户都要表现出尊敬的态度

有些销售员在向客户介绍产品时，看到客户对自己的介绍不太关心，就单纯地认为客户不需要、不会购买。或者以貌取人，在没有深入了解前就认为他没有购买的经济能力，从而导致客户离开。长此以往，你会失去很多客户。身为销售员，不要轻视任何人，哪怕是最不显眼的客户，他也许就是你最大的收入来源。在面对任何一个客户时，都需要表现出尊敬的态度。

一天，一位中年妇女走进了一家汽车公司的展销厅。她的穿着打扮看起来不是很新潮，加上她在看一辆白色吉利时的犹豫，年轻的推销员凭直觉感到她可能并不富裕。于是，他走过去说："太太，您真的想购买这辆车吗？目前，这几款车的价钱都不低，您看，现在的经济形势不是很好，您可要考虑清楚。我还有一笔订单要签，您半小时后再过来好吗？"说着，这位年轻的销售员离开了。

妇女失望地走向了另外一个展台，在那里，她向销售员诉说了自己的愿望：她想买一辆白色的吉利，可是，吉利汽车的推销员却"善意"地拒绝了为她介绍。这天，正好是她 46 岁生日，她想送自己一辆汽车作为生日礼物。

"生日快乐！夫人。"推销员一边说着，一边为她打开一辆白色汽车的车门，"夫人，既然您很喜欢白色车，那您先看一下这款车吧，它也是白色的。"妇女很高兴地同意了。在妇女看车的过程中,推销员转头吩咐了一些什么。不一会儿,一个接待员为妇女送来了一束鲜花。"尊敬的夫人,祝您生日快乐!"推销员微笑着说。妇女的眼睛一下子就亮了:"你知道吗,我已经很久没有收到别人送的礼物了,真的是太谢谢你了,我想这辆车我也很喜欢!"最后,妇女当场就将这辆车买下了。

这个故事是乔·吉拉德的一个亲身经历。他的言语中从头到尾都没有劝客户放弃购买吉利而买他的车,他之所以能够将汽车推销出去,是因为他让客户感受到了被重视的感觉。由此可见,销售员在做决定之前,要学会换位思考,对每一位客户都要表现出尊敬的态度,这是赢得订单的关键。

想客户所想,解客户所难

客户有了困难,销售员若对他置之不理,让他因为不满而离去,那么你失去的就不只是这一个客户。所以说,当客户遇到了困难,身为销售员,要站在客户的角度考虑问题,了解他的需求,帮他解决困难,让他满意,他才会再次光顾,才会为你带来更多的客户。具体该怎么做呢?

第一,充分了解客户的需求,并尝试站在客户的角度去思考问题,理解对方的想法。

第二,当客户出现问题或者困难时,譬如缺少资金、决定权等,身为销售员,要尝试用客户的观点去看待问题,同时兼顾自身利益,努力寻找最佳解决方法,不能够冷漠旁观或者以抗拒的态度对待客户。

第三,当你不能够满足客户的需求时,要真诚地向对方致歉,并尽快给出其他的解决方案。

第四,给出的承诺必须完成,如果做不到首先要承认自己的过失,尽量将事情做好。

保持良好的服务，以便吸引更多的客户

试想一下，当你走进一家饭店，服务员穿着整齐，微笑着对你说"欢迎观临"，并细心地问你有没有什么忌口的食物；而当你走进另一家饭店，等了很久却迟迟未上菜，喊了半天却没有人搭理你，那么，你会选择去哪家就餐呢？

服务是很重要的，销售员良好的服务可以增加产品的知名度，甚至会吸引更多的客户。而服务好每一个客户，实质上是对客户的负责和尊重，这就需要销售员做到以下几点（图 4-4）。

- 真诚地对待每一个客户，当客户不配合时，要用你的真诚去感动他，而不是冷言相对，这样只会让客户远离你

- 确定客户是对的，就不要害怕受到损失、委屈、麻烦等，要相信客户

- 微笑能够拉近人与人之间的距离，消除他人对你的戒备。因此，要做到微笑服务

- 客户的反馈有助于销售员找到自己的不足之处。因此，身为销售员，要充分重视客户的反馈信息。当客户感觉到被重视时，他才会成为你的回头客

图 4-4 销售员需做到的 4 点

用体验消除客户的防备与顾虑

产品的质量与性能是大多数客户最关心的问题，毕竟他们购买产品是为了解决实际问题，通常他们很担心花了钱却买不到一件称心如意的产

品。但是，很多情况下，客户仅凭销售员一味的介绍和自己肉眼的观察是无法了解产品的质量和性能的。

有些销售员经常会遇到这样一种情况：自身产品的质量没问题，价格也很合理，同时客户也很需要，但对方就是迟迟不肯下单。原因很简单，客户在购买产品时都有一种戒备心理，害怕产品质量不过关给自己造成损失。

针对这个原因，销售员要想方设法地打消客户对产品质量的担忧。优秀的销售员在推销产品时，绝不会总是唱独角戏，他们会鼓励客户参与到销售中来，让客户亲身体验产品，用体验消除客户的防备与顾虑，从而更好地了解产品。

陈度是一名安全玻璃销售公司的销售员，在自己的努力下，他的销售业绩一直稳居销售部第一。

有同事问他是怎样做到业绩第一的。陈度说："每次我去见客户时，都是事先准备一些长宽一致的玻璃块，并带上一把小锤子。在见到客户后，我说的第一句话就是'您相不相信安全玻璃'。如果客户说不相信，那么，我就会将玻璃放在他的面前，然后用锤子砸。当客户发现被砸过的玻璃没碎时，他会很惊讶地说'真的是太神奇了'。这时，我就会问他'你打算买多少'整个过程只需要一分钟。"

陈度将自己销售安全玻璃的方法说出来后，很多同事也用这种方法去推销玻璃。但是过了一段时间后，同事们发现，销售业绩第一的人依然是陈度。于是，有同事又问陈度为什么你的业绩依然是第一。

陈度笑着说："其实原因很简单，我知道说出我的销售技巧后会有很多人去效仿我的做法，于是从那以后，我改变了推销方式。在每次见到客户后，我会将玻璃放在他们面前，然后递给他们锤子，让他们自己来砸。"

陈度之所以能够成功，在于他善于调动客户参与到销售中，让对方在看他砸玻璃的过程中获得视觉震撼感，让对方在亲手砸玻璃的过程中获得亲身体验感，从而让对方真切地感受到产品质量过硬，最终赢得了客户的信赖。

让客户参与到体验产品中来，是间接地让客户对所售的产品进行评判。客户亲身体验了产品，看到了产品的效果，心中对产品有了一定的评价，购买行为自然也就随之发生了。

那么，销售员如何用体验产品来消除客户的防备与顾虑呢？

在公众面前演示产品

身为销售员，你推销的产品或许有很多卖点，但是能够打动用户的往往只有一个。要想消除客户的防备与顾虑，销售员可以根据客户的需求，在公众面前着重展示这个最关键的卖点，让客户接受它、认同它。

有两个清洁产品销售员同时向一家百货公司推销自己公司的新产品清洁剂。就质量、价格、功能而言，两家公司的产品相差不大，但是在推销过程中却有着不同的待遇。

第一个销售员在见到客户后，始终在讲述自身产品的优点，客户听完后不但没有表现出自己的兴趣，还恼怒地要求销售员离开。这时，第一个销售员着急了，一个劲地向客户保证自己所说的是真实的，但是他越说，客户越生气。

这时，第二个销售员对客户说："先生，我也是一名清洁剂推销员，他所说的优点我也可以向您保证，并且我的产品质量肯定比他的好。"客户没有说话，却表露出了厌烦的表情。第二个销售员明白客户的意思，于是从包里拿出一瓶清洁剂打开，在地板上倒出一滴，拿抹布轻轻一蹭，地板瞬间变得干干净净。客户点了点头，对第一位销售员说："你现在可以走了,我已经决定购买他的清洁剂。"说完,带着第二个销售员走向了办公室。

案例中,第二个销售员用演示的方式,让客户亲眼看到产品的功效与实用价值,让客户心动从而做出购买决定。

俗话说:"耳听为虚,眼见为实,用过为真。"心理学家认为,有意向并不会导致行为的产生,人的行为和意向之间存在着一些人为或者自然的额外因素,而这些因素往往会阻碍行为的实现。化解这些障碍因素最好的办法就是"尝试"。

销售员在演示产品时,还可以通过适当地提问来调动客户的参与性和积极性。譬如,推销手机的销售员可以用"手机要是不小心掉水里了会怎样"等这样的问题来吸引客户的注意力。

试用一下,让客户自己决定

很多时候,销售员给客户介绍产品或服务时都很精彩,但是效果却没有让客户亲身体验一下好。这是为什么呢?其实原因很简单,客户通过亲身体验能够真切地感知到产品所具有的性能,从而知道这件产品是不是他所需要的。

乔·吉拉德曾接待过一位女性客户,这位女性客户只是恰巧路过,顺便看看,并没有购车的打算。而且,在她浏览了店内汽车的价格后,就打算离开。乔·吉拉德并没有就此放弃,而是希望她能够感受一下汽车的性能,这位女性客户没有想太多就答应了乔·吉拉德。

乔·吉拉德将女性客户引入副座并为她系好安全带,他自己坐在驾驶座位,发动汽车,将汽车开上车辆较少的弯道,加速让汽车飞快地往右边冲去,然后在快要冲出车道的瞬间回到正常线路……

这种生死一线的体验让客户感觉很刺激,就像拍电影一样。试驾结束后，客户改变了想法，当即就购买了这辆汽车。

这就是亲身体验的力量，能够在最短的时间内打动客户，让客户做出购买决定。因此，销售员要想赢取客户的信任，不妨让客户亲身试用一下产品，感受产品的特性，让他自己做决定。

在客户体验之前，要给客户讲清楚注意事项

销售员在邀请客户参与体验产品之前，一定要给客户讲清楚注意事项，以免客户在操作的过程中由于方法不当将产品弄坏，这样会严重影响推销结果。

一名销售员称自己销售的梳子折不断，并邀请观众来体验一下。一位热心的观众主动上前要求试一试，他将梳子拿在手里，还没等销售完把话说完就"啪"的一声将梳子折成两段。在场的人一片嘘声，这让销售员很是尴尬。片刻之后，销售员高高举起手，说："女士们、先生们，我刚刚想说的是梳子的齿折不断，你们看我这样折都不会有事。"只见他边说边折梳子的齿，果真折不断。

上述案例中由于销售员没有在客户体验之前讲清楚注意事项，从而影响了推销效果。因此，身为销售员，在让客户体验之前一定要讲清楚注意事项。另外，当客户在操作产品时，一定要在旁边适当地加以引导，这样效果会更好。只有让客户亲身感受过产品性能后，他们才会相信你推销的产品是真的"与众不同"，才会下定决心购买你的产品。

客户往往喜欢听从"专家"的建议

大多数人都有相信权威、专业人士、行家的心理，这种心理是很正常

的，也是普遍存在的，谁都愿意听一个懂行的人的话。实际上，这是人们出于一种追求安全的心理需求。通常，听从专家或者权威会使自己追求安全的心理得到满足，因此，很多人都很愿意这样做。

很多销售员抱怨，为什么客户不愿意听？为什么客户不信服我说的话？怎样才能打动客户的心？销售不只是简单地将东西卖出去，销售员也不是简单卖东西的人。优秀的销售员会将自己定位成专家、顾问、医生，只有平庸的销售员才会将自己说成是个"跑腿的"。

在办公室用品展销区，一位客户站在两把椅子之间犹豫不决。销售员微笑着走了过来。

客户："这两把椅子什么价位？"

销售员面带微笑地回答道："先生，这把椅子700元，那把椅子是350元。"

客户："我看旁边那个比这个更好看些，怎么会这么便宜呢？"

销售员："先生，请您坐下来亲自体验一下这两把椅子。"

客户依着销售员的话体验了一下，虽然感觉700元的椅子比350元的椅子稍微硬一些，但坐起来还是很舒服的。销售员看客户体验完后，告诉客户："350元的椅子坐起来比较软，您觉得很舒服，而700元的椅子您觉得没有350元的椅子舒服，这是因为这两把椅子内的弹簧数不一样。700元的椅子由于弹簧数较多，所以客户不用担心其变形而影响到坐姿。众所周知，不良的坐姿会使人的脊椎骨侧弯，大多数人腰痛都是因为长期不良的坐姿引起的。我们就拿700元的椅子来说，弹簧的成本就比别的椅子要多出将近150元。同时，这把椅子的旋转支架采用的是纯钢材质，比别的椅子寿命要长很多，而且也不会因为长期的旋转和过重的体重而松脱。"

停顿片刻后，销售员继续说道："这把椅子虽然看起来没有那把好看，但是它是完全依照人体结构来设计的。虽然坐起来没有那么舒服，但是能让您坐很长时间都不会感觉到疲劳。对于长期坐在椅子上办公的人来说，拥有一把好的椅子很重要。"

客户听完销售员的说明后，毫不犹豫地买下了这把价值700元的椅子。

在上述案例中，销售员从专业的角度解释了两把椅子之间的差异，并说服了客户购买价格较贵但是更有益于身体健康的椅子。客户之所以接受了他的推荐，一方面是因为他讲解深入，有理有据，能够让人信服；另一方面是客户出于对自己身体健康的重视。

专业是销售员获得客户信任与青睐的重要法宝。当买家遇上行家，这场交易就会变成板上钉钉的事。销售员要想赢得客户的信任，就要将自己修炼成产品专家，像专家一样说话，成为客户的顾问。

作为一名销售员，要不断地提升自己，努力让自己成为"专家型"销售员。但是，如何才能达到这个目的呢？销售员可以从以下几点入手。

了解你的产品，了解每一个细节

身为销售员，首先一定要对自己所推销的产品有全面的了解，这是销售员必备的业务素质之一。如果想成功打动你的客户，让其购买你推销的产品，首先要将产品的独特之处以及优越的性能成功地展示给客户，让客户了解你的产品，这样客户才有可能购买。在这之前，销售员一定要了解产品的每一个细节。

有这样一个销售场面：

客户："你能给我介绍一下这两个型号的热水器吗？为什么这台的售价要比那台高？"

销售员："这台的性能相对要好。"

客户："具体好在哪里？"

销售员："这个我不是太了解，反正是这台比那台要好。"

客户："我知道这台更好，但是我需要知道它好在哪里，而且它的售价是否和它的价值相匹配。连你都说不清好在哪，这让我如何比较？"

销售员无言以对。

可想而知，这笔交易是做不成的。身为销售员，如果缺乏专业知识，连自己推销的产品都不了解，那么，说服客户的说辞就会显得苍白无力。销售员需要掌握专业内容主要有以下几点（图4-5）。

图4-5 销售员需要掌握的专业内容

- 产品知识

产品知识通常包括产品的基本特征、产品的使用方法、产品的生产过程以及产品能够带给客户的利益。

产品的基本特征主要包括：产品的原材料、规则、特点、性能，等等。身为销售员，如果客户问你产品的原材料都有哪些、性能如何，你回答不上来，就会像上述案例中销售热水器的销售员一样，很难卖出自己的产品。有些客户想要了解产品的生产过程，身为销售员，如果不事先对自己所推销的产品的生产过程有所了解，就很难给予客户满意的答复。

产品的使用方法是其需要了解的产品知识中最重要的一项。通常情况下，在使用和操作中介绍产品比单纯的语言介绍更有说服力。另外，销售员还需要向客户介绍保养方法、使用注意事项等。譬如，新上市的办公用具、家用电器、生产机器，等等。除此之外，销售员还需要掌握所推销的产品和其他有关产品配套使用的方法，了解产品和服务的关系，譬如帮助客户申请优惠贷款等。客户为什么要买你的产品？是因为需要它。这就涉及产品带给客户的利益，需要销售员给客户讲解。

- 企业知识

销售员在与客户初次见面时，可以向客户介绍你的公司，以便促成交易的进行。特别是针对一些大客户，这种介绍是很有必要的。包括，企业的文化、历史、业务、荣誉，等等。

- 市场知识

销售员是战斗在一线的战士，因此要及时地捕捉一些市场信息。譬如，市场供求信息、行业竞争对手信息、产品经营效果信息以及客户反馈信息，等等。

- 客户知识

销售员主要面对的是形形色色的客户，如果对客户知识不了解，就不能有效地和客户沟通，说服客户购买你的产品。客户知识主要包括购买喜好、购买动机、购买条件、购买习惯以及购买决策等。销售员不但要充分了解客户知识还要能够针对不同客户的消费习惯、心理等，采取有效的销售方式。

- 法律知识

当销售员完成一笔交易后，会涉及法律所规定的义务和权力的承担，即客户与销售方的法律关系。譬如签订合同的原则，合同的变更、解除以及违约的赔偿，等等。因此，销售员还需要了解相关的法律知识。

用"FABE"法来介绍你的产品

向客户介绍产品是销售员在推销的过程中最重要的一环，介绍得好坏关系到销售活动是否能够成功。一般情况下，好的产品介绍需符合

"FABE"的需求。所谓的"FABE",指的是以下4个方面的内容(图4-6)。

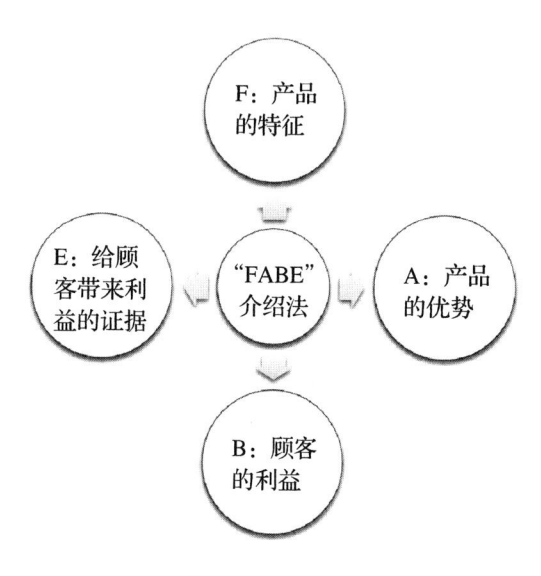

```
        F:产品
        的特征
           │
           ▼
E:给顾         A:产品
客带来利  "FABE"  的优势
益的证据  介绍法
           │
           ▼
        B:顾客
        的利益
```

图4-6 "FABE"法包含的内容

那么,如何运用"FABE"法来介绍产品呢?销售员在给客户介绍产品前,首先要按照"FABE"做好准备工作,譬如将产品分解成材料、机能、外形、便利性、使用性、价格等部分;然后写下各部分的优点及特征,以及这些优点和特征能给客户带来哪些利益;最后列出产品的确能够给客户带来利益的证据。我们来看这样一个产品介绍:

"您好,女士,这是我们公司新出的一款厨房专用洗涤剂。您请看,瓶口属于舌状形,为了防止瓶内的液体外漏,瓶口上专门刻有6厘米的沟槽。我们这款洗涤剂最大的优点就是往瓶外倒出液体后不会在瓶口残留所倒液体,不会弄脏瓶口。据调查,市场上的同类产品基本上都不能够保证这一点。您再看这款产品的外形,整体给人一种光洁、圆润的感觉,手感很不错。颜色方面有三种颜色可供选择,整体外观很别致。因此,从实用性到外形，这款产品都是厨房最佳之选。因此……"

这个对洗涤剂的介绍就很符合"FABE"要求，对产品特色、外形、使用、性能以及给客户带来的利益都有详细的介绍，且客户能够听明白。使用这种方法进行产品介绍主要有三点好处（图4-7）。

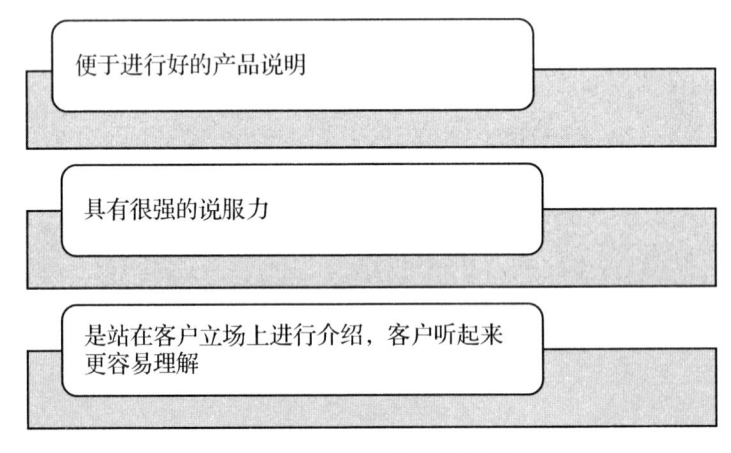

便于进行好的产品说明

具有很强的说服力

是站在客户立场上进行介绍，客户听起来更容易理解

图4-7　FABE的三个好处

销售员在运用这种方法进行产品介绍时需注意，首先，产品要有足够的吸引力，这样才能够勾起客户的好奇心；其次，产品的质量要好，能够经得起客户的反复使用；最后，产品要精美、轻巧，方便销售员携带。

讲客户能听懂的专业话

客户往往是出于某种需求来购买产品的，但大多数客户都是一些门外汉，专家型客户少之又少。因此，需要销售员介绍产品的大多数都是不了解产品的客户。所以，销售员能否用专业的话语将产品清楚地介绍给客户是获得客户信任的关键因素。

那么，怎样才能将专业话讲清楚，引起客户的兴趣呢？销售员可遵循以下几个原则（图4-8）。

第四章
赢信任：有效解除客户的心理防线

通俗型词语　　　　活泼型词语

描绘型词语

图 4-8　将专业话讲清楚的三个原则

首先，要使用大多数人都能理解的词，因为过于专业的语言，很多客户是无法理解的。

其次，为了在描述产品时内容生动、有趣，能够勾起客户倾听的兴趣，销售员要使用恰当的描绘型词语。

最后，避免使用一些枯燥、乏味的词语，这类词语会给客户留下不好的印象，从而影响客户的情绪，为销售活动人为地设置障碍。

总而言之，销售员在给客户介绍产品时，一定要讲客户能听懂的专业话，争取让每一位客户都能够听清楚。

控制语速，专业话要慢慢地说

很多销售员在和客户沟通时通常会忽略一个细节，那就是说话语速太快，尤其是专业的语言。专业的语言如果讲得过快，就会造成语音不清，让客户听得稀里糊涂，实际上等于没听。即便客户听清了你说的话，也需一定的时间去消化。

因此，销售员在用专业语言介绍产品时，语速一定要平缓。这样能够给人一种值得信赖、安全的感觉。通常，人们都会认为只有信心足的人，才有底气把话讲清楚。

身为销售员，如果你讲话的语速确实过快，那么就要想办法将语速降下来。具体做法有：用录音设备将新闻播报员播报新闻的声音录下来，然后试着去模仿他们的播音，以控制自己的说话语速。另外，销售员还可以

107

根据自己一天的工作安排、客户类型等来调整自己说话的语速。

销售员在与客户交谈时，除了要控制语速外，还要注意语言的规范性，这在一定程度上能够反应出销售员的专业素质和应变能力。语言的规范性使用要求销售员要做到以下三点（图 4-9）。

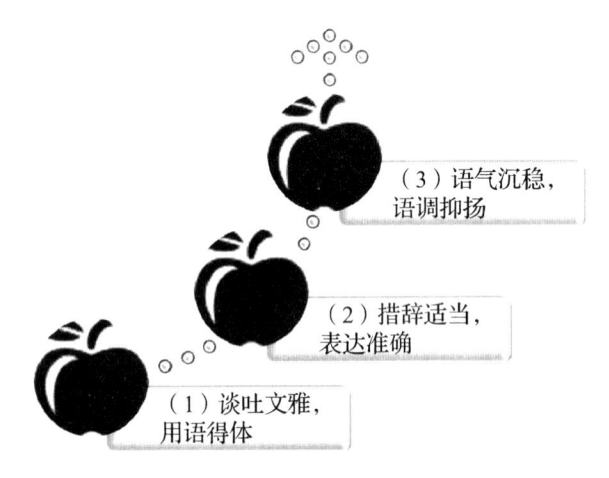

（3）语气沉稳，语调抑扬

（2）措辞适当，表达准确

（1）谈吐文雅，用语得体

图 4-9　语言规范性使用要求销售员做到的三点

总而言之，销售员的专业话语一定要讲得通俗易懂，同时还要注意语速。只有将专业语言讲好，才能够赢得客户的认同，从而促成客户的购买行为。

坦承产品的不完美，换取客户信任

销售员在向客户介绍自己的产品时，必须实事求是，切记不要夸大其词。如果你推销的产品有瑕疵，那么，这些瑕疵会对产品推销造成诸多不利，很多时候，它是产品推销失败的主要原因。但是，如果销售员故意忽视产品的瑕疵，那只会让销售工作更加艰难。

第四章
赢信任：有效解除客户的心理防线

世界上没有十全十美的事物，客户也不可能要求他购买的产品必须完美。所以，销售员不要把产品的不完美当成一个秘密，有时候，适当地指出自己产品的不足或者瑕疵，反而能够赢得客户的信任。相反，如果客户自己发现了产品的瑕疵，而你并没有说明，客户会认为你是在欺骗他，势必会导致你的信誉丧失。如果想要客户信赖你和你的产品，就必须要用诚实的行动来证明你和你的产品是值得信赖的。

石野是B市一家房产经纪公司的一名资深销售员，在B市郊外，他有一块面积为260平方米的土地急需销售。这块地皮虽然地处郊外，但是由于临近火车站，交通十分便利。唯独一点不好的是，附近有一家钢材加工厂，加上火车等各种车辆发出的声音，这个地方的噪声相对比较大。

通过多个渠道的了解，石野发现有一位客户购买这块地皮的可能性比较大。这位客户是住在B市工厂区的柴先生，通过初次接触，石野了解到郊外那块地皮的情况非常符合柴先生对地皮的要求。于是，他向柴先生推荐了那块地皮。

石野并没有打算隐瞒情况，而是一五一十地向客户说明，并带客户实地察看。看后，石野诚恳地说："柴先生，这块地皮的价格、位置以及交通情况都很符合您的要求，价格之所以很优惠，就是因为临近火车站和附件有一家钢材加工厂，噪声相对比较大，这是唯一不足之处。除了这点，其他的条件都很不错，如果您可以接受的话，综合考虑，我认为其性价比还是很高的。"

"谢谢你能够坦诚相告，我认为这个地方挺好的，和我现在居住的工厂区相比，那里的大型卡车和机器的噪声要比这大多了。还有我了解到，每天下午五点之后，这里的钢材厂就停工了。综合考虑，我认为这里不错。而且你能够将这里的实际情况如实地告诉我，我更放心了。我决定买下这块地皮。"

上述案例中，石野并没有对地皮的不足之处进行刻意隐瞒，而是开诚布公地将其告诉了客户。但是因为地皮本身具有相当的优势，譬如价格相对较低，从而对客户产生了吸引力，自然地就对地皮的位置以及周边的环境不再挑剔，因此很快就达成了交易。

面对产品的缺陷，销售员不能回避、忽视，否则只会让销售工作变得更加艰难。客户的眼睛是雪亮的，或许客户早就知道这个缺陷，如果销售员在介绍产品时极力回避，会让对方觉得你是在刻意隐瞒，从而影响你的信誉。

因此，销售员要敢于在客户面前提出产品的小缺点，并努力将这些小缺点转变成优点。当你客观地指出产品的不足并为客户想出弥补的措施时，对方会对你产生信赖感，那么，你的销售活动就成功了一半。

那么，如何坦承产品的不完美，并将其转化成销售的有利因素呢？我们总结了几点供大家借鉴（图4-10）。

- 在介绍自身产品优点时顺带说出产品不足之处
- 如果事先没发现产品的不足，事后要及时通知客户
- 提出建议，帮助客户消除产品不足造成的影响

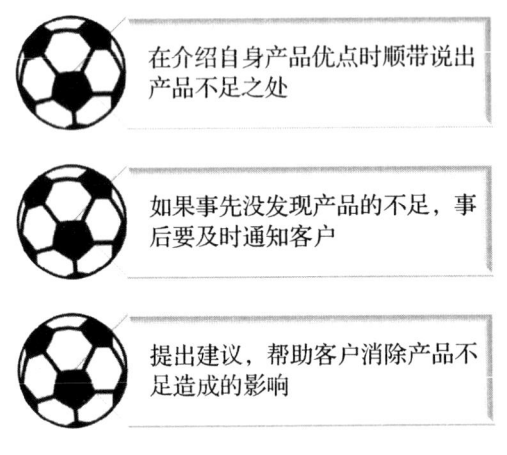

图4-10 将不利转为有利的三个方法

在介绍自身产品优点时顺带说出产品不足之处

任何产品都有其优势与亮点，当然，也不可避免地存在着不足与短

板。产品只要能够满足客户的内在需求，就足以激发他的购买欲望。销售员不要担心产品的小瑕疵，毕竟它们只是次要的、附带的，客户不会因为这些就放弃对自己来说可以提供更大价值的产品。

很多销售员在向客户介绍自身产品时总是滔滔不绝地说优点，对于产品的缺点避而不谈，甚至当客户问起的时候还极力辩解，想方设法去掩饰产品的缺点。

这样做是很不明智的，正确的做法是在介绍产品的优点时，顺带提及产品的不足之处，这样显得客观公正，更容易给客户留下可靠、正派的印象。只要这些不足不是致命的，不是客户最关心的，一般不会影响客户的购买决定。

如果事先没发现产品的不足，事后要及时通知客户

销售员有时在向客户介绍产品时，并不是很了解产品的缺陷，事后才得知产品某些地方存在不足。这时，销售员如果能够及时地通知客户，那么，会赢得客户的好感，从而在客户心中留下值得信赖的印象。

在这方面，美国著名营销大师奥里森·马登做出了榜样。

奥里森·马登25岁时，在一家健身器材公司做销售员。有一个月，他成功地向30位客户推销了产品。但是有一天，他发现他所推销的产品售价比其他公司的同类产品要更贵一些，他担心客户知道后会觉得受到了欺骗，从而影响他的信誉。于是，奥里森·马登立即带着合约书与订单逐一地拜访了这30位客户，将具体情况如实相告，并请客户重新考虑。奥里森·马登的行为感动了客户，他们不但没有解除合同，还为奥里森·马登带来了更多的客户。

作为一名销售员，不要认为交易完成后就可以高枕无忧，即便发现产品的不足也觉得无所谓。一旦客户自己发现了产品的缺陷，那么，你失去

的不只是客户，还有客户对你的信任。因此，不管是在事前还是在事后，销售员一旦发现产品的不足，一定要及时地告知客户。

提出建议，帮助客户消除产品不足造成的影响

任何产品都有缺陷，任何服务都有不足，这些都不重要，重要的是销售员是否有办法能够帮助客户消除这些缺陷或不足所造成的影响。

举个例子，如果你是一名手机销售员，假设你卖的手机电池续航能力不足，散热不太好。那么，你在向客户介绍产品时不妨这样说："这款手机的性能很好，尤其是硬件，并且机身自带的内存很大，运行起来很流畅，特别是在玩游戏时一点都不卡。但是有一点不足就是散热不是很好，若长时间使用，您可以中途放下手机休息一下，这样对保护眼睛也有好处。或者您可以买一个散热的手机壳，我们这就有这个产品。"

如果你的客户最在意的是手机的硬件与系统性能，那么，他可能不是很在乎手机的散热问题，毕竟你也提供了解决问题的有效途径。

第五章

会提问：在对话中挖掘需求信息

　　销售员在推销的过程中会遇到各种各样的事和人，要想进行有效推销，就不能用千篇一律的方式去对待客户，要根据"敌情"适时地调整推销战术。最好的战术就是"问"，这是主动词，同时也是主动状态。销售员通过有目的的提问，可以在与客户的对话中挖掘出客户的需求信息。

客户为什么不愿说出真心话

在销售的过程中,客户往往处于被动状态。销售员掌握了大量的产品信息,需要怎么对客户说,选择性很大。通常情况下,客户是不会将自己的真实想法告诉销售员的。如果客户说出真心话,就等同于将自己赤裸裸地暴露在销售员面前,毫无还价的余地。

但是,身为销售员,不可能对客户的这种隐瞒听之任之,而是要采取一定的措施,撬开客户的嘴巴,从客户的口中得到自己想要的真实信息。

何健在一家保健器材公司从事销售工作,有一次,他去见一家公司的老总。跟老总寒暄过后,何健向老总介绍自己销售的保健器材。老总说:"年轻人,目前我还没有这方面的需求,如果我有需要的话,我会第一时间打电话给你的。"

听到对方下了逐客令,何健并没有打算离开,而是转化话题说:"您的母亲马上就要过八十大寿了,伯母身体好,长命百岁肯定没问题!我在这提前祝贺伯母生日快乐,祝她福如东海,寿比南山。"

老总面带笑容地说:"我妈妈她平时很注意保养,但是毕竟年纪大了。身体状况也不如以前,这让我很是担心。"何健说:"老年人要多注意保养,平时多补充一些营养,同时也要适当地做一些有氧运动,一来可以保持一个良好的心情,二来还可以强身健体。"老总说:"我妈妈她以前会经常锻炼,但是近两年身体不太好,有些顾虑。她经常说自己年纪大了,怕运动不当会出现问题,于是现在就不爱运动了,这可如何是好?"何健说:"伯母的担心很有道理,年纪大了,身体没有以前灵活,如果运动不当伤害了身体就得不偿失。运动器材的选择就很关键了,运动器材选对了,有效活动身体的同时,也不会对身体造成负担。"

老总:"但是现在市面上的一些健身器材大多数都是针对年轻人设计的,老年人根本用不了。"何健这才明白对方不愿购买产品的真实想法,是因为对健身器材不放心。于是,何健说:"现在很多产品已处于世界领先水平,您需要的健身器材有几家的口碑都不错,已经开始行销海外了。"老总惊喜地问道:"都有哪些呢?"何健:"上海的×××公司、武汉的×××公司、广州的×××公司都做得很好。我们公司的产品也出口海外,目前主要市场有中国、美国、北欧等地区。"接下来,关于健身器材的问题,何健与老总谈论了很长时间,何健从专业的角度对健身器材进行了全面的解析。一番谈论下来,老总改变了初衷,决定从何健这里购买健身器材。

何健很聪明,他并没有在对方下达逐客令时继续介绍产品或者说一些希望下次合作这样的话题,而是将老总的母亲搬出来,利用老总的孝心打开了突破口,让老总说出了自己的真心话,从而一步步跟进,最终促成交易。

那么,销售员如何才能让客户说出自己的真实想法呢?

问要问到位,通过提问或反问找到客户的真实需要

在销售的过程中,销售员应掌握主动权,通过提问或者反问找到客户的真实需要。客户之所以不愿说出真心话,很多情况下是因为销售员问得不到位。那么,销售员应该怎么做呢?可以采用应答式的方法。

所谓应答式方法,指的是从表面上看,销售员处于被动状态,但是可以随时变被动为主动,关键看销售员怎样应答,又如何反问。

如果客户说:"这是某某品牌的化妆品吗?"这时,销售员要先回答客户的问题,然后变被动为主动。譬如,"是的,女士。您对我们品牌的

化妆品很了解,是吗?"这样很容易就将探寻需求的问题推给了客户。但是,很多销售员则是直接回答:"是的,您说得很对。"这样等于直接将探询客户需求的机会白白丢掉了。

身为销售员,要做到随时随地探询客户的需求,用"问"的方式来引导客户将自己的真实需求说出来。譬如,客户说:"你们这款化妆品的效果怎么样?"聪明的销售员会先回答客户的问题,然后反问道:"这款化妆品的效果很好,在市场上很有名,您是第一次了解我们这款化妆品吧?"

这也是一种"问"的方法。通过提问,有效引导客户,让客户说出自己的需求,进而努力去满足客户的需求,这样才能成为一名优秀的销售员。

对客户提出的问题先认同

客户之所以不愿说出自己的真实想法还有一个原因,那就是销售员没有给客户说出真实想法的机会。

在销售过程中通常会出现两种现象(图 5-1)。

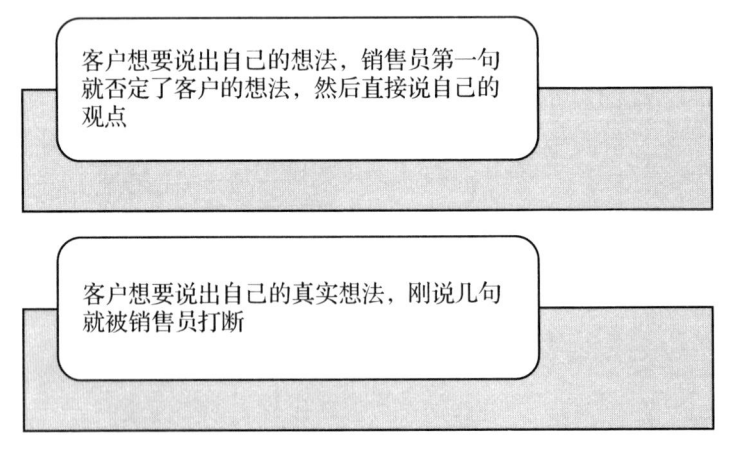

> 客户想要说出自己的想法,销售员第一句就否定了客户的想法,然后直接说自己的观点

> 客户想要说出自己的真实想法,刚说几句就被销售员打断

图 5-1 在销售过程中可能会出现的两种情况

第五章
会提问：在对话中挖掘需求信息

在与客户交谈的过程中，聪明的销售员会让客户说出自己的想法。当客户说完后，销售员会在第一时间给予客户认同的回应，并能够根据客户的想法进行交流，在交流的过程中巧妙地过渡到自己的观点上来。这样做能够让客户感觉很舒畅，因为他表达了自己的想法并得到了对方的回应，会很有满足感。当客户有了满足感，那么，与他的交谈就会顺利很多。

会问也要会听，让客户把需求告诉你

销售的过程中，很多销售员只顾自己一味地说产品有多么好、功能有多么齐全，客户虽然频频点头称是，但会在最后补充问一句："这些跟我有什么关系呢？"

众所周知，语言是销售员与客户沟通的重要手段。但是，与客户沟通并不是一味地向客户滔滔不绝地讲述，有时，学会倾听比会说更重要。当客户在表达自己的想法时，身为销售员，要认真地聆听，只有客户愿意与你谈话，推销活动才能够继续进行。

著名的汽车销售员乔·吉拉德经朋友介绍，去拜访一位曾买过他们公司汽车的老板。见面时，乔·吉拉德照例递上了自己的名片："您好！我是×××公司的汽车销售员，我叫……"乔·吉拉德才说了几个字就被这位老板用很严厉的口吻打断了，老板不停地抱怨当初买车时的各种不快，譬如报价不实、服务态度不好、交车时间过久，等等。

在老板不停地数落乔·吉拉德的公司以及当初卖给他车的销售员时，乔·吉拉德静静地站在一旁认真地听着，一句话没说。终于，这位老板将所有的怨气都发泄完之后，缓息了一下才发现，眼前的这位销售员很陌生，于是不好意思地说道："年轻人，你贵姓？现在你们公司有没有好一点的车种，给我介绍介绍吧？"当乔·吉拉德离开这位老板的公司时，心

里非常激动，因为他拿到了两台汽车的订单。后来有人问该公司的老板，为什么买他的车。老板说："我觉得这个年轻人很实在，被我骂了半天也没吭声，既尊重我，又有诚意，所以我才买他的车。"

在这个案例中，乔·吉拉德耐心地倾听，在一定程度上表达了对老板的尊重，从而使老板对他产生了好感。

丘吉尔曾说过这样一句话："倾听是银，沉默是金。"在与客户交谈时，如果销售员只顾解说，对客户的真正需求一无所知，那么就无法成功推销。因此，销售员要多听听客户的话。当对方感觉被尊重、被重视时，自己才会因此获益。

善于提问是读懂人心的关键

一位智者曾说过这样一句话："好问的人，往往只是5分钟的愚人；耻于发问的人，则终身为愚人。"每个人都会提出问题，但并不是每一个人都喜欢提问，喜欢提问的人不一定善于提问。

身为销售员，当你的提问没有引起对方的积极反应时，问题可能出现在你所提的问题上，而不是对方身上。德国物理学家海森堡曾说过："提出正确的问题往往等于解决了问题的一半。"由此可见，提问很重要，巧问更加重要。因此，作为一名销售员，要善于提问，这样才能够读懂客户的真实需求。

张伟是某公司的电话销售员，在公司，他的业绩始终稳居第一。我们来看看他是如何推销产品的。

张伟："您好，王总，我是企业管理咨询公司的小张，有几个问题想请教您，不知方便吗？"

第五章
会提问：在对话中挖掘需求信息

王总："什么问题？你说。"

张伟："是这样的，王总，最近经常有公司打电话向我们公司咨询有关产品分类管理、库存管理以及账务管理等方面的问题，还请求我们为他们提供这方面的人才。王总，不知道您在这方面有什么更好的意见或者观点？"

王总："这个其实很简单，我们有专人负责管理产品分类、仓库、财务。只是我现在也很困扰，他们办事的效率很低，有时候即便只是需要一个报表，他们也不能及时统计出来，从而造成信息不顺畅。更烦恼的是，一旦出现人员流动或者调整，一段时间内经常会出现纰漏，不知你们有没有什么更的解决方法？"

张伟："王总，我冒昧地问一下，您公司目前使用的是什么样的管理软件？"

王总："我们一直采用的是人工做账方式，没有采用管理软件。"

张伟："是的，给我们打咨询电话的那些公司也是喜欢人工做账，但是他们没有您分配得这么细致、有条理。不过，他们遇到的问题都解决了，而且效率也大大提高了。"

王总："是吗？他们是怎么解决的呢？"

张伟："他们使用了一款叫作×××的财务管理软件，不仅可以节省人力，每天还能够及时地了解今天产品的进、销、存情况，滞销产品的比例，畅销产品的种类，进出账情况，拖款、欠账情况，等等。"

王总："真的有这么好的软件吗？在哪能够买到？"

张伟："这样吧，王总，我今天下午到您的公司去，我把软件给您带过去，顺便给您公司的员工讲解一下如何使用这个软件，您觉得怎么样？"

王总："好呀，非常感谢。"

从案例中可以看出,张伟的目的是要让王总认识到使用管理软件的重要性,从而达到推销软件的目的。张伟通过不同方式的提问让王总愿意接受并回答问题,而且愿意表达自己的想法和观点。张伟根据对方的回答,采用有理有据的应答方式,攻破了对方的思维模式,最终达到自己预期的效果。

那么,销售员如何提问才能够快速赢得客户的好感,并尽快进入主题呢?以下方法可以借鉴(图5-2)。

通过对方的回答,洞察其心里的奥秘

简简单单的提问最容易回答

一开口就将提问指向对方的兴趣点

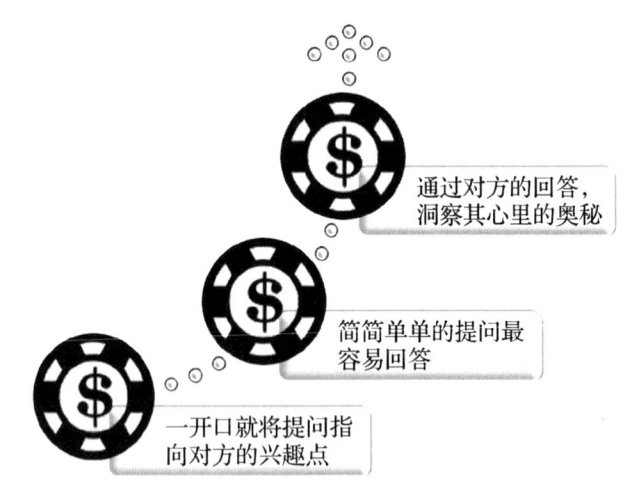

图5-2 快速进入主题的三个方法

一开口就将提问指向对方的兴趣点

在人际交往中,很多人都会有这样的体会:与那些没有共同语言的人交流会感到很别扭、很烦闷,但很多时候却又不得不硬着头皮与他们交流。譬如,营销说服、求人办事,等等。身为销售员,这个时候就应该思考如何才能让对方对你所谈论的话题产生兴趣,与对方在交流中产生共鸣。

其实很简单，聪明的销售员懂得从客户感兴趣的问题着手，通过提问的方式给对方留下好感，从而一步步激发对方的谈话兴趣，等到双方聊得很投机时，就离达到目的不远了。那么，如何从客户感兴趣的问题着手呢？可以聊对方的得意之作、对方的兴趣爱好、对方的利益得失等，这些都很容易打动人。

可能有的销售员会说，在与熟人交流时尚且可以谈论对方的兴趣、爱好，可是来购买产品的人大多是初次见面的陌生人，我怎么知道对方对什么话题感兴趣？

其实这个问题很容易解决。优秀的销售员会在短时间内通过观察对方的服饰、发型、使用的手机、包包，或者看对方乘坐的交通工具、他办公室的摆设、住所等，以此来观察对方可能会对什么样的话题感兴趣，并且会提出一些试探性的问题，去尝试了解对方的喜好。如果发现对方对自己所提的问题不感兴趣，会灵活转移谈论的话题，直到找到对方感兴趣的话题为止。

简简单单的提问最容易回答

很多销售员在向客户提问时喜欢用一些专业性很强的字眼，显得自己很专业，殊不知这样的问话非但不能够显示自己很专业，而且还可能会造成沟通失败。因为他的话客户听不懂。通常，优秀的销售员在向客户提问时往往会采用简单、能够让对方听懂的话语，的方便对方回答，从而使谈话进行下去。

销售员简单的提问能够激发出对方条件反射式的回答，对方无需深入思考就能够马上给出答案，这样在一定程度上能够提高沟通效果。

一位女士来到化妆品店，她对店里的导购员说："您好，我想买能够保湿的洗面奶，你能帮我推荐一款吗？"

导购员说:"您好,请问您是自己用还是送人的?"

女士:"自己用。"

导购员用余光看了一眼客户的脸,说:"您这种情况从什么时候开始的?"

女士:"大概有一个礼拜吧!"

导购员:"您是不是有时候感觉很痒,很想挠?"

女士很吃惊地看着导购员:"是呀,你说的太对了!"

之后,导购员又问了几个问题,最终给女士推荐了一款洗面奶,女士满意地离开了。

在这个案例中,导购员没有跟客户说半句专业术语,她只是用简单的提问,慢慢地赢得了对方的信任,使对方感受到她的专业,同时也让对方感觉到了被关心。由此可见,简单、通俗易懂、便于回答的提问不仅有利于激发对方的谈话兴趣,还能够让销售员轻松赢得对方的信任,最终达成交易。

通过对方的回答,洞察其心里的奥秘

单纯的提问是无法洞察人心的,提问之所以能够读懂人心,关键在于销售员在提问之后要善于观察、分析对方的回答。因此,想要了解你的客户,不但要重视提问,还要重视对方的回答,通过对方的回答,洞察其心里的奥秘。

俗话说的好:"听话听声,锣鼓听音。"通过分析判断一个人的说话方式,可以有效洞察其心里的奥秘。通过分析一个人说出的不同话语、发出的不同声音,可以透视这个人的内心。

譬如,有些人在回答问题或者主动发言之前会轻轻地吹口哨,这是一种泰然处之或者潇洒的表现,但是有些人则是为了掩饰自己内心的不安，故意虚张声势；有些人在回答问题之前不断的改变声调、清嗓子，这是一紧张、焦虑的表现，但有些人清嗓子则是为了故意拖延时间，以便更好地思考怎样做答；有些人在回答问题时支支吾吾，这是心虚的表现；有些人说话时声音非常刺耳、阴阳怪气，这是乖张、内心卑鄙的表现，等等。

通常，一个内心平静的人说话的声音也会平和；内心浮躁的人往往喜欢喋喋不休；内心顺畅的人其言谈也会流畅；内心思想不定、焦虑的人，说话往往模棱两可、犹豫不决。所以，销售员要学会分析判断对方的说话方式，从对方的回答中看透其内心，从对话中挖掘客户的需求信息。

掌握提问的三个基本要素

无论在日常生活中，还是销售工作中，通常没有多少人喜欢滔滔不绝地主动和你交谈。由此延伸开来，在销售产品的过程，怎样通过提问让客户说话，怎样通过提问来充分了解对方的信息，怎样提问才能够让沟通继续下去，这对于销售员来说起到了举足轻重的作用。

是的，销售员正确、巧妙的提问，可以减少客户的逆反心理，可以充分地了解对方的信息，引导客户按照你的思维方式去思考问题，从而达成你希望的结果。

做任何事都要有一个基本的步骤，提问也不例外。因此，运用不同的提问方式去和客户沟通，往往会带来许多意想不到的惊喜，这就需要销售员掌握提问的三个基本要素（图5-3）。

```
提问三要素
├── 目的性
│   ├── 利用提问获取信息
│   ├── 利用提问测探对方的回应
│   └── 利用提问说服他人
├── 逻辑性
│   ├── 问域要明确
│   ├── 预设要真实
│   ├── 题设要恰当
│   └── 语义要清晰
└── 有效性
    ├── 让对方听得舒服
    ├── 让对方听得明白
    └── 让对方便于回答
```

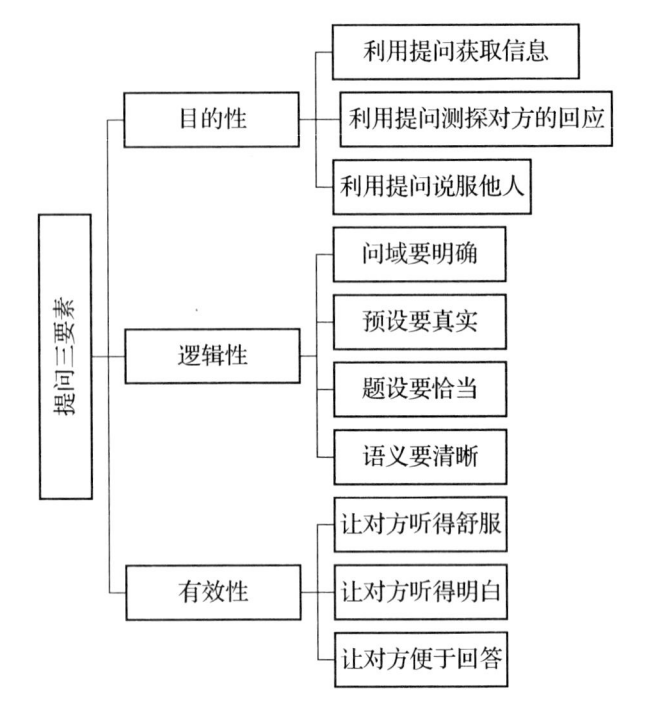

图 5-3　提问的三个基本要素

下面，我们来具体分析一下提问的三个要素。

目的性

在正式谈论提问的目的性之前，我们来看这样一个故事：

一位基督教信徒问教主："我在祈祷的时候可以抽烟吗？"教主严厉地训斥了他。另一位信徒也同样遇到了这样的状况，但是他的提问方式不同，他问教主："我在抽烟的时候可以祈祷吗？"教主笑着表扬了他，并答应了他的请求。

为什么两位信徒受到的待遇不同呢？因为第一位信徒在提问时目的不明确，他不知道抽烟和祈祷是很容易发生冲突的矛盾体，所以提问没有目的性；第二位信徒很清楚地明白这点，所以在提问的时候避开了抽烟和祈

第五章
会提问：在对话中挖掘需求信息

裆之间的冲突，让教主乐于接受。由此可见，在提问时明确提问的目的是非常重要的。

目的是行动的先导，没有目的，提问就失去了导向。身为销售员，不管你与什么人打交道，提问都不外乎这样几种目的：

- 利用提问获取信息

你问客户："您有什么兴趣爱好？"问同事："工作完成的怎么样？"问朋友："周末有空吗？"这些提问的背后都是为了了解对方的相关信息。获取对方的信息是十分重要的，因为你不了解对方，就没办法进行有效的沟通，这一点对于销售员来说非常重要。

身为销售员，要知道客户之所以愿意与你交谈，是希望你在产品方面能够给出专业的建议。诊断客户的现状，最好的办法就是有目的地提问。那么，问什么？可以问客户的需求、现状、对产品的期望，等等。当销售员对这些有所了解后，推销就会变得容易得多。

- 利用提问测探对方的回应

身为销售员，当你在非常用心地向客户提问时，你一定很希望对方作出反应。如果对方回答得很耐心，那么可以判断他对你的提问很感兴趣；如果对方只是简单的回答，譬如"我知道了，改天再聊吧"或者"我考虑一下"等，这说明对方对你的提问不感兴趣或者对你没有好感。当然，对方也有可能是真的很忙。

- 利用提问说服他人

与前面两个目的相比，这个显得更加现实、更加功利，在销售活动中表现得尤为突出。众所周知，销售的目的就是说服对方购买自己的产品。怎样才能实现这个目的呢？很简单，利用提问引导对方做出你想要的回答。我们来看这样一个案例：

一位销售员去一家工厂推销发电机，工厂的老板让工程师测试一下发电机，结果发现发电机发动一会儿后，外壳就出现了发热情况。老板怀疑其质量不过关，不愿购买。这时，销售员并没有选择离开，而是问老板："你们工厂有符合标准的发电机吗？"老板回答："有。"

"一般情况下，电制品公司规定发电机的外壳温度可以高出室内72℃，对吗？""是的。"老板回答。销售员又问："你们工厂在运行时的温度是多少？""30℃左右。"老板回答。"刚才你们测试发电机的发热温度是80℃，除去室内温度30℃，实际它的发热温度是50℃，是这样吗？""是的。"老板回答道。"我们的发电机外壳温度高出室内50℃，不但在电制品公司规定的范围内，而且低了不少，你还担心我们的发电机质量有问题吗？"最后，老板一口气买了五台发电机。

这就是提问的说服力。在这个案例中，销售员有目的地将提问的主题引向自己想要说服的中心——我们的产品质量没问题。可以说，自始至终，这位销售员都在掌控着提问的主动权，最终顺利地说服对方购买自己的产品。

逻辑性

所谓的逻辑性，指的是定义准确、概念清晰、体系鲜明、行为有条理、阐述明确、具有哲理性。没有逻辑，就意味着混乱、歧义、糊里糊涂。提问也是如此，没有逻辑的提问等于白问。身为销售员，要想做到提问有逻辑，就必须注意以下几个基本规则。

- 问域要明确

所谓的问域，指的是提问的范围，即一个问题所涉及的方面。有些问题所涉及的方面很广泛，这样的问题就很大，往往叫人摸不着头脑；有些问题涉及的方面很窄，这样的问题较具体，一般很容易回答。譬如，当客户在选择两款不同颜色的衣服时犹豫不决，你可以问"您是喜欢白色多点还是喜欢紫色多点。"这样客户就可以很快给出你想要的答案，这样的提问是成功的，因为它很符合逻辑。

- 预设要真实

预设又称为前提、前设，指的是说话者在说某个话语时所做的假设，即说话者为摆正语段的合适性而须满足的前提。预设是提问过程中双方都能接受的，任何问题都有一个预设。虽然问题本身没有真假之分，但是预设有真假之别。预设的真实性是提问符合逻辑的必要条件。问题要想得到正确的答案，除问域要明确之外，预设还必须真实，这样提问才有效。

- 题设要恰当

销售员在提问时要看清对方，对方从事什么行业、精通哪个领域、知识水平怎样等，从而提出相应的问题，这样对方才能够很容易地回答你的问题。相反，如果你提出的问题很深奥，对方回答不上来，这样不仅为难了对方，同时也是给自己找没趣。

- 语义要清晰

语言作为人际交往中最重要的表达形式，具有多义性与模糊性。因此，销售员必须要确保语义清晰，避免发生歧义。要想做到这点其实很简单，慎用一些外延不定的词汇。

譬如，你问别人："你的前面是什么？"这个问题有很多种意思，得到的回答也各式各样。所以，这样的问题是有歧义的。因此，销售在提问时要避免这种现象发生。

有效性

提问是为了获取对方的信息，因此，提问还必须满足有效性。销售员要想提问有效，就必须满足以下三个要素：

（1）让对方听得舒服。对方是否愿意回答你的问题，很大程度上取决于你的问题是否让他感到很舒服。我们来看这样一个案例：

一名软件公司的销售员给一位客户打电话："张总，您好！我是×××公司的软件销售员，很高兴您能接听我的电话。"张总问："有什么事吗？"销售员说："是这样的，我们公司最近刚推出了一款提高绩效管理的软件，听说您公司目前还没有使用这种软件，是吗？"张总问："你弄错了吧，我们这么大一个公司，怎么可能不使用绩效管理软件呢？"销售员："那您说说您公司目前使用的是哪一款绩效管理软件呢？""嘟嘟嘟……"对方已经挂断了电话。

从这个案例中可以看出，销售员的提问目的很明确，但是这样的提问让对方听着很不舒服，结果被拒。所以，销售员一定要注意，让对方不舒服的提问最好不要提。

（2）让对方听得明白。很多销售员在与客户交谈时，提出的一些问题很深奥，让客户云里雾里，似懂非懂，不知如何作答，这样只会让客户反感，最终交易失败。高明的提问往往都是通俗易懂的。因此，销售员在提问时，一定要让对方听得明白。只有这样，对方才会将自己的想法告诉你。

（3）让对方便于回答。有些问题很简单，但是不一定好回答，这样的问题最好不要提。聪明的销售员在与客户交谈时，往往会从简单的问题开始，谈论一些对方便于回答、轻松的问题，譬如"您的兴趣爱好是什么""您喜欢白色还是喜欢红色"等，这样对交谈会更有利。

第五章
会提问：在对话中挖掘需求信息

因势利导，挖掘客户潜在消费力

根据消费需求冰山理论，在露出水面的显性需求下，尚有很大的隐性需求亟待开发。每一个消费者的消费能力有所不同，但是优秀的销售员善于在掌握客户的需求后，最大程度地挖掘其消费潜力，从而提高每一笔订单的销售额度。

那么，如何挖掘客户的消费潜力，这完全取决于销售员的销售技巧。诱导式提问指的是当客户不愿意回答、刻意回避你的问题时，销售员为了了解对方的真实想法，采用诱导式提问，一步一步诱导客户说出自己想要的信息，并根据信息判断出客户真实心理的一种提问方式。

下面，我们来看这样一个案例：

一位老太太到街上去买水果，路边有几个卖水果的摊子，各种各样的水果琳琅满目。在第一个水果摊前，老太太："这些苹果看起来不错，就是不知味道怎么样？"商贩一："老太太您真有眼光，我家的苹果又大又甜，特别好吃，价格也公道，您需要几斤？"老太太摇了摇头走了。

在第二个水果摊前，老太太："你的苹果是什么口味的？"商贩二："我的苹果是今天早上刚到的货，特别的新鲜，要不您尝一尝，一定特别的甜。"老太太犹豫了一下，离开了。

在第三个水果摊前，商贩三："老太太，您想要什么苹果？我这里种类很多。"老太太："我想买酸点的苹果。"商贩三："我这种苹果的口感就比较酸，你需要多少？"老太太："那就给我来一斤吧！"

在第四个水果摊前，老太太："你的苹果怎么样啊？"商贩四："我的苹果很不错，您想要什么样的苹果呢？"老太太："我想要酸一点的。"商贩四："一般人来买苹果都是要大的、甜的，您为何要酸苹果呢？"老太太："我儿媳妇怀孕了，她想吃酸一点的苹果。"商贩四："您对儿媳妇真好，将来您的儿媳妇一定能够给您生个胖孙子。前几个月，这个附近有两家人要生孩子，来我这买苹果，您猜怎么着，这两家都生了个儿子。老太太您需要多少？"老太太被商贩说得心情很好，说："再给我来三斤吧。"

商贩又给老太太介绍其他的水果："孕妇还适合吃橘子，酸甜，还含有很多维生素，对小孩和大人都很好。您要是给儿媳妇买点橘子，她肯定很开心。""是吗？那就给我来三斤橘子吧。""您真好，您的媳妇实在太有福气了！"

商贩一边称赞老太太，一边说他的水果新鲜又好吃，让老太太吃完了再来。老太太被商贩夸得心情很好，说要是好吃的话让朋友也来买，然后提着水果满意地回家了。

任何成功都不是偶然的，这跟销售员的销售技巧有关。商贩四通过积极地询问，从对方的语言中搜集了有用的信息，并经过分析，找出了她的购买动机，然后因势利导，让对方在原有的消费基础上再购买更多的水果。

由此可见，挖掘客户的消费潜力能够直接影响交易的成功及将交易规模最大化。那么，销售员应如何诱导，挖掘客户的潜在消费力呢？

大胆地进行推断，大胆地进行提问

在与客户进行交谈时，销售员不仅要提出问题，解答问题，还要在某种情况下帮助客户进步，利用机会让客户在原有消费的基础上再购买别的产品。

不同的客户消费潜力不同，身为销售员，要大胆地进行推断，大胆地进行提问，并尝试着推荐。对于有些客户来说，他们看重的是产品的价值。身为销售员，在诱导客户时尽量不要在价格方面纠缠，而要把价格与价值放在一起与客户进行沟通，多用产品的价值来诱导客户，挖掘客户的潜在消费力。销售员可以从以下几点入手（图5-4）。

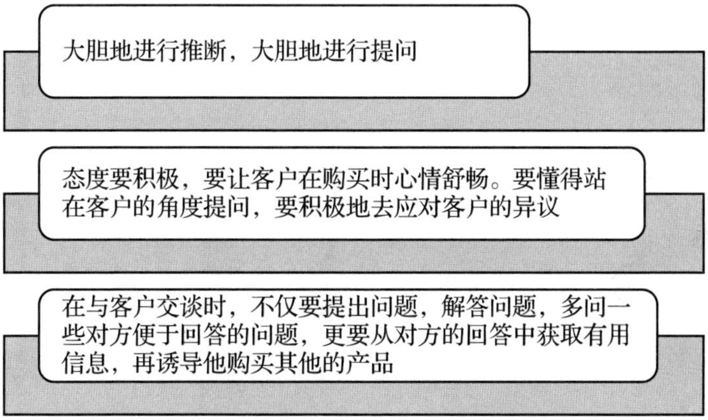

大胆地进行推断，大胆地进行提问

态度要积极，要让客户在购买时心情舒畅。要懂得站在客户的角度提问，要积极地去应对客户的异议

在与客户交谈时，不仅要提出问题，解答问题，多问一些对方便于回答的问题，更要从对方的回答中获取有用信息，再诱导他购买其他的产品

图 5-4　三个角度挖掘客户的潜在消费力

层层递进，引导客户扩大自己的需要

引导式提问是先成交看起来相对较容易成功的订单，再成交大订单的一种非常实用的技巧。它的关键之处在于，在客户原有需求的基础上，通过询问、启发等方式逐步扩大对方的需求。

一位女士选定了一双价值45美元的黑色皮鞋，正当她准备付款时，销售员问道："您打算穿什么颜色的袜子来搭配这双皮鞋呢？"

女士回答道："我想浅色的应该更合适。"

"女士，我们这有一种浅棕色的袜子与您的皮鞋很配。"说着，她拿出了一双标价10美元的袜子递给对方。

"是的，它们的确很搭配。"女士说着将袜子收了起来。

131

"您再看看和这双皮鞋相配的鞋垫怎么样?",她又拿出了一对标价10美元的鞋垫递给对方。

"好的,我正好也想买一双鞋垫。"

就这样,这位销售员通过引导式的提问,不断挖掘客户的潜在消费力,最终将45美元的生意变成了65美元的交易。那么,销售员怎样去引导客户的需求呢(图5-5)?

```
┌──────────────────┐  ┌──────────────────┐
│ 先了解对方的需求 │  │ 评估解决的办法与 │
│ 层次             │  │ 销售目标的吻合度 │
└──────────────────┘  └──────────────────┘
┌──────────────────┐  ┌──────────────────┐
│ 有目的地推荐产品 │  │ 给对方思考、消化 │
│                  │  │ 的时间           │
└──────────────────┘  └──────────────────┘
```

图5-5 销售员引导客户的四大方法

(1)先了解对方的需求层次。知己知彼,方能百战不殆。身为销售员,要多花时间去了解客户的需求层次,同时还要了解自身产品的优点,这样才能够真正解决客户的问题。如果对方的需求层次处于低级的生理需求层次时,那么,他所关注的点是产品的使用价值,销售员就可以从这方面入手,指出该产品可以怎样满足客户的需求。

(2)评估解决的办法与销售目标的吻合度。销售员在了解客户的需求后,掌握了解决问题的办法,然后对这些问题进行评估,并分析与主要目标的吻合度。如果对方的需求对主要目标没有实际帮助,那么,销售员就要尽力说服对方将关注点放在主要目标上。

(3)有目的地推荐产品。譬如,客户想买一条裙子,身为销售员,不要问她:"您还有什么需要?"而应这样说:"我们店里最近新上柜了几款精致小包包,与您这款衣服很搭配,您要不要看一下呢?"这样,可以提醒对方对包包的需要。

（4）给对方思考、消化的时间。身为销售员，在你提出问题后，要留给对方一些思考时间。如果你的问题一个接着一个，这样会让客户反感，不利于双方继续交谈，也不可能达到询问的主要目的。

有针对性地提问，让客户说出真实需求

在销售活动中，有些销售员提问时话题十分杂乱，没有确定的目标，以至于丧失了很多销售机会。因此，在销售的过程中，把握好谈话的主题，有针对性地进行提问至关重要。所谓的有针对性地提问，指的是话题要专一，要逐个进行提问，这样便于客户回应，从而为你的说服增添成功的机会。

艾拉是美国一家 4S 店的销售员，一天，店里来了一位客户，艾拉赶紧上前接待，在简单的寒暄后，艾拉问道："先生，您喜欢什么车型？"

客户："我也不知道具体买什么样车型！"

艾拉："您是自己开还是……"

客户："过几天就是我女儿 20 岁生日，我想买一辆车作为生日礼物送给她！"

艾拉："您的女儿收到您精心为他挑选的礼物后一定会很开心，您买车之前肯定对车有所研究，您一定已经想好了为您的女儿买什么样的车吧？"

客户："是的。安全是第一位，车的安全性能一定要好；其次是舒适，孩子喜欢开车出去玩；最后就是要外观好看，因为是女孩，外观不好看，她肯定不会喜欢。"

艾拉:"您为女儿想得真周到,那么,您对车的动力方面有什么要求吗?"

客户:"动力没什么要求!"

艾拉:"安全、舒适、外观好看、动力一般,这样说起来,我们店里有三款符合您需求的车型,我带您参观一下!"

客户:"好的,谢谢!"

当客户的需求很模糊时,艾拉通过针对性提问让客户说出了自己的真实需求,并促成了销售。提问要想达到有针对性的效果,就必须懂得发问的技巧。客户关心什么问题就提什么问题,只要客户感兴趣就是对方的痛点,针对对方的痛点有针对性地提出问题,才能与对方有可聊的话题,才能够引起共鸣,让对方说出自己的真实需求。

身为销售员,在与客户谈话时,如何有针对性地向客户提出问题,让对方说出自己的真实需求呢?可以从以下几点入手。

明确自己的目标

身为销售员,有针对性地提问能够让客户确信你的想法,让客户说出自己的真实想法,才有利于达到说服的目的。因此,在提问说服客户时,必须先找到自己明确、具体的目标。然后有针对性地进行提问。我们来看一下下面两段对话。

客户:你们公司最近是不是在举办一些活动?

客服A:您指的是什么活动?

客户:送100元话费的活动!

客服A:很抱歉,您的手机号没有参与这项活动。

客户:我问的是有没有这项活动。

客服A:请问您是在哪里看到有这项活动的?

客户：你们发给我的短信。

客服 A 很确定地告诉客户没有这项活动，于是，客户挂断了电话。几分钟后，客户再次致电该通讯公司，客服 B 接待了他。

客服 B：您指的是哪项活动？

客户：送 100 元话费的活动！

客服 B：请问您是从手机短信上看到的，还是广告上看到这项活动的？

客户：手机短信上。

客服 B：发短信给您的号码是多少？

客户：458900130。

客服 B：对不起，给您发短信的这个号码不是我们公司的，我们公司的统一号码是××××××。

客户：原来是这样啊。于是，客户挂断了电话。

在这两段对话中，客服 B 能够马上理解客户的问题，并有针对性地提问。这一点非常重要，因为它是解决客户问题的突破口，是提高沟通效率的关键点。

因此，身为销售员，在提问时首先需要明确目的，然后有针对性地进行提问。当你无法确定自己的目标时，不妨问一下自己："我想得到什么？""我到底要让对方干什么？""我提问的目的是什么？""我希望对方做些什么？"在想清楚这些问题后，再根据这些问题设置提问，对你了解对方的真实需求十分重要。

提问要把握好时机

孔子曾说过："言未及之而言谓之躁，言及之而不言谓之隐，未见颜色而言谓之瞽。"这句话的意思是：在不该说话时说了，叫作急躁；在应该说话时却不说，叫作隐瞒；不看对方的脸色变化就信口开河，叫作闭着眼睛说瞎话，这都是没把握好说话时机的表现。

销售过程中，同样要把握好说话时机，尤其是在向客户提问时。如果在该提问的时候不提问，就无法及时地了解对方的心里想法；如果在不该提问时提问，会很容易引起客户的反感；如果信口开河乱提问，不顾及对方的感受，那么，后果会很严重。

因此，身为销售员，要想促成销售，在向客户提问时一定要把握好提问的时机，做到审时度势，这样才能够引起对方的注意，并保持对方对沟通的兴趣。那么，如何才能够把握好提问的时机呢？通常情况下，销售员须注意以下几点：

（1）待客户表达完自己的想法后再提问。过早或者过晚提问，都会打断对方的思路，影响对方回答问题的兴趣，这是很不礼貌的行为。

（2）和推销无关的问题最好在闲暇时间，避免占用客户的私人时间，造成对方反感。

（3）销售员在有针对性地向客户提问时，要注意对方的情绪。当对方情绪高涨时，可以适当地多问一些问题；当对方情绪低落时，则要尽量少问；

（4）在销售的过程中，销售员和客户的对话有时会出现分歧或者矛盾。这时，销售员不要激化彼此的矛盾，否则只会导致交谈失败。身为销售员，要不失时机地转移话题，提一些比较轻松、容易回答的问题。

销售员一定要谨记，有针对性的向客户提问时一定要掌握时机，学会审时度势，这样才能够真正地问到对方的心坎里，让对方说出自己的真实想法，了解其真实需求，继而顺利地与对方达成交易。

多提让客户回答"是"的问题

在推销的过程中，有针对性地提问是有技巧的。一般情况下，多提一些让客户回答"是"的问题，往往会产生一种惯性，让对方按照你的思路来思考问题，从而接受你的产品。

心理学家认为，人们在说"是"时，其心理反应与身体机能往往是放松的。一方面会很积极地接受外界的事物，而另一方面心情也会变得很好。销售员要想攻破对方的心理防线，让对方"听话"，最好的方式就是有针对性地提一些让对方说"是"的问题。尤其在解决了重要问题后，对方一般会认可产品的重要利益。这时，销售员可以问一些只能做出肯定回答的问题。譬如，"您对这种样式很满意，我说得对吗？""您对产品的质量很在乎，对吗？"等类似于这样的问题。在这种情况下，对方一定会连连说"是"，说明对方赞同你的想法。于是，他们会很乐意地说出自己的真实想法，大大提高相中你的产品的机率。

销售员一定要注意的是，所提的这些问题能够让客户用"是"来回答，这就要求销售员了解客户的需求，读懂客户的心理，然后将问题问到对方的心里去。只有这样，提问才能够产生效果。

旁敲侧击，寻找客户的隐性需求

客户有时在购买某件产品时，他的购买动机、需求甚至对产品的标准及具体要求都十分明确。但有时，他只知道自己对某件产品有需求，但没有具体的标准及要求，因此，他的购买欲也就不是很高，通常只是抱着"先了解一下""随便看看"的心态，这就是客户的隐性需求。

在这个时候，如果销售员只是顺从客户的意见，什么事都不做，那么对方很可能真的只是随便看看就离开了，而销售员将白白失去一个推销的机会。但是，如果销售员贸然上前为对方推荐产品或报价，极有可能会将对方吓走。

相对而言，隐性需求具有很强的隐蔽性，往往是介于人们的基本需求和欲望满足之间的一种状态，指的是客户没有清楚认识的高层次需求。当客户就某些问题不愿正面回答时，销售员应怎么办呢？聪明的销售员往往会采取旁敲侧击的方式，寻找客户的隐性需求。我们来看看下面这个案例。

刘文是北京一家OPPO手机专营店的销售员，一天，店里来了一个客户。

刘文："先生，您好！有什么可以帮助您的吗？"

客户："我随便看看。"

刘文："先生，您是想看手机吗？"

客户："嗯，我先看看再说。"

刘文："您买手机是自己用呢，还是给其他人用呢？"

客户："我刚有了小孩，我老婆想为孩子拍一些好看的照片，所以我来看看拍照好点的手机。"

刘文："恭喜您当爸爸了，您的宝宝一定非常的可爱！那您太太对宝宝的照片有什么需求吗？"

客户："她就想给孩子拍一些特写，近距离的那种。"

刘文："哦，那您之前有用过带拍照功能的手机吗？"

客户："有一部。"

刘文："那也可以给您的孩子拍照呀，是有什么不满意吗？"

客户："那部手机主要是我工作时打电话用的，拍照效果不是很好。"

刘文："很多手机拍近照因为焦距与成像的缘故，拍出来的照片会很模糊、不精致。那么，您之前用过可以近距离拍照的手机吗？"

客户："我之前用过一个朋友的手机，拍照还不错。"

刘文："那部手机使用起来感觉怎么样？"

客户："效果很好，就是解锁很麻烦。"

刘文："是的，手机解锁太麻烦很容易错过给宝宝拍照的好时机。如果因为解锁而错过记录宝宝成长的精彩瞬间，那实在是太可惜了！"

客户："是呀，我老婆就是想给宝宝建立一个成长相册，想让他在外地的爷爷奶奶看看，去影楼拍照又觉得太贵。"

刘文："找影楼不错，就是成本有点高，差不多拍一两套的钱就可以买一部拍照清晰的手机。还有，宝宝的成长之美通常都是爸爸妈妈才能够发现的。那这样说来，买一部解锁方便又可以近距离拍照的手机对您来说一定很重要？"

客户："是呀是呀，我就是因为不知道哪款手机拍照好，你有什么好的手机可以为我推荐吗？"

在这个案例中，客户刚进店时只是抱着看看的态度，没有确定要购买手机，这属于明显的隐性需求。刘文巧妙地运用旁敲侧击的提问方式，首先尽可能了解对方的背景与信息，然后引导对方说出对原有手机的不满，从而发现其隐藏的需求，接着为其做出专业性分析，并始终围绕宝宝拍照来强化对方购买手机的需求，最终让对方主动要求为其推荐产品。

了解客户的类型，练就"三觉"功夫

你的客户是听觉型、视觉型还是感觉型，身为销售员，这需要你在对你的客户有一定了解的基础上来进行判断，这就需要你练就"三觉"功夫

（图 5-6）。在现实的生活中，每个人对听觉、视觉以及感觉的敏感程度有所不同，有些人对听觉特别敏感，有些人对视觉特别敏感，而有些则最重视感觉。

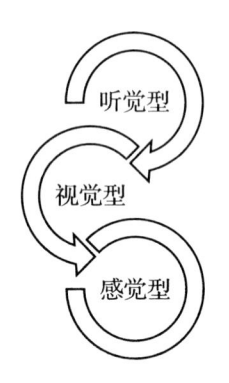

图 5-6　客户的三种类型

听觉型客户往往更注重思考，想得相对较周全，这类客户他们往往在经过深思熟虑后才会愿意购买。面对这类型客户，销售员要为对方着想，积极地询问，从对方的回答中获取有价值的信息，寻找对方的隐性需求，让客户觉得产品真的对他有用。在这，销售员需要注意的是，不要让对方觉得有被逼迫的感觉，在此基础上，对方才有可能购买你的产品。

视觉型客户往往个性比较急躁，动作快、说话语速快，喜欢指挥别人，比较没有耐心。销售员在面对这样的客户时，提问需要迎合对方的口味，要有侧重点，问题要清楚、专业，要方便对方回答，只要客户觉得不错，他们就会愿意购买。

感觉型客户往往个性比较温柔，说话慢条斯理、动作不急不慢。销售员在面对这类客户时，用问题进行引导解说时，语速不能太快，声音不能太大，最好先从聊天开始，并对客户适度地进行赞美，让客户喜欢你，以便寻找对方的隐性需求，然后引导客户购买。这样，几乎不用花太多的时间介绍产品，客户就会心甘情愿地购买。

投石问路，表达自己的诚意

身为销售员，有时候，在不了解客户的底细时，可以采取投石问路的方法，从侧面提问试探来对方，寻找对方的隐性需求。在清楚对方的底细后再将交谈引到正题上，这样就可以有效避免不必要的尴尬。我们来看这样一个故事：

有一个男孩爱上了一个女孩，但是他并不知道女孩是否爱他，他很想问女孩，但又不好意思开口，于是，他只好试探性地问女孩："我可以陪你一起散步吗？"女孩答应了。他们走了一段路，正好路边有一个花店，男孩很委婉地问："我可以送花给你吗？"女孩不好意思地"嗯"了一声。

男孩很高兴，买了一束玫瑰花送给女孩，女孩开心地收下了。这时，男孩明白了对方也很喜欢他，于是过了几天，就向女孩表白了。

在这个例子中，男孩采用试探性提问的方式，从侧面下手，然后逐渐将自己的心意表达出来，最后明白了女孩的好感。

其实，销售就像追女孩，在不了解对方是否对你有好感时，不妨采用试探性的提问方式，这样不仅可以了解对方的心思，还能有效避免不必要的尴尬。身为销售员，在特定的场合，有些问题不宜直接提出，那么，这时候不妨采用你知我知的提问方式，在彼此表达诚意之后，再谈论正题。

少用质疑性的问题去提问

有的销售员在提问时担心对方不明白自己的问题，反复地用"您懂吗？""您明白我的意思吗？""您了解吧？""您可以复述一下我刚才说的问题吗？"等类似这样的话。这些问题听起来像是在质问，在质疑对方的理解能力，这样会让对方很反感。

没有人会喜欢被质疑，尤其是女性。每个人都希望被别人重视，能够受到他人的认可和尊重。所以，销售员在提问时最好少提或者不提质疑性的问题，以免引起对方的反感，这样很不利于后面推销工作的进行。

连环发问，破解客户的深层需求

在销售的过程中，很多销售员会碰到这样一种情况：当你兴致勃勃地向客户介绍你的产品时，对方却冷冰冰地的说"没时间"。遇到这样的情况，销售员该怎么办呢？客户是真的没时间还是随便找的借口？

在望闻问切四种技能中，"问"最为重要，它贯穿于整个销售过程，不管是了解问题、为客户提供解决问题的方案还是销售产品，都需要不断地向客户发问，了解其感受与深层次的需求。

齐浩是一家银行的客户经理，有一次，他去拜访一位客户。

齐浩说："张总，像您这样的成功人士手头上一定有一些闲置资金可以利用，我相信您在投资理财方面也一定很专业，不知道您的主要投资方向是什么？是买房吗？"

张总摇摇头说："现在市面上的房子限购，虽然保值性还不错，但是流通性不是很好。"

齐浩说："这么看来，您是想适当地留出一部分流动性资产，那您有没有考虑过去炒股呢？"

张总说："股票就像是赌博，风险太大。"

齐浩点了点头说："的确如此。据目前的情况，国债相对比较稳定，流动性也很不错，您是否考虑过呢？"

张总："国债的收益太低，没想过。"

齐浩:"近几年黄金市场不错,您尝试过炒黄金吗?"

张总:"的确,但是现在金价已居高位,前景堪忧。"

齐浩:"那您对外汇感兴趣吗?"

张总:"以前因为不懂外汇知识,亏了很多。"

齐浩:"我理解您的意思,您既想要收益高,还希望风险低,如果有这样的项目,我相信您一定愿意尝试。"

张总惊讶地说:"有这样的项目吗?"

齐浩:"我们银行最近新推出一种开放式基金,特别适合像您这样的大人物。它是这样的……"

在这个案例中,齐浩通过巧妙地连续发问,破解了对方深层次的需求,并根据对方的需求,为其推荐了适合他的产品。由此可见,销售员巧妙地发问有助于了解客户深层次的需求。那么,身为销售员,在与客户交谈时,该如何巧妙地发问呢?

巧妙发问的三种方式

常见的发问方式有三种(图5-7)。

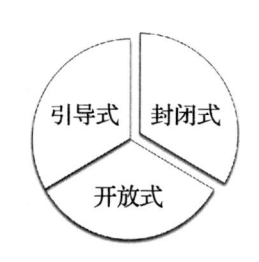

图5-7 巧妙提问的三种方式

封闭式

对于封闭式问题,被提问者通常只能回答"是"或者"否"。常见的题型主要有单选题与判断题，被提问者往往只能选择其中的一个答案。譬如，"您是喜欢蓝色还是紫色呢？""您是上午有时间还是下午？""这款产品的外观比其他同类产品看起来要精致得多，是吗？"等类似这样的问题。

开放式

对于开放式提问，被提问者通常需要回答"5W"和若干"H"，"5W"如图5-8所示；若干个"H"指的是How（怎么做）、How often（多久做一次）、How much（多少），等等。

Who	谁
When	什么时间
Where	什么地方
What	做什么
Why	为什么

图5-8 "5W"

销售员通过提出这些问题，能够让客户尽情发挥、滔滔不绝。譬如，"这两款产品价格差不多，质量也不相上下，您为何果断地选择这款呢？""您是自己用还是送人？"等类似这样的问题。开放式问题通常没有标准答案，也没有对或错之分。

引导式

有些销售员总是抱着消极的心态："客户很刁钻，完成业务很困难。"这时应该换一种角度，调整心态。因为客户越是刁钻，则说明他的购买欲望越强，这时候越需要掌握技巧，将对方变成你的准客户。

有些销售员经常表现出把产品强卖给客户的欲望，这反而会引起客户的抵触心理。维护面子是人之常情，销售员在与客户交谈时，对方通常不愿意表现出自己被说服，即便在他们的内心已经认为你的说法很有道理，但也不会表现出来。那么，正确的做法应该是：通过不断地引导式提问，启发对方进行思考，让对方将自己的真实需求说出来。正如苏格拉底所说的："我永远没有答案，我有的只是问题，我用问题来回答你的问题。"

注意提问的连贯性，不问突兀的问题

销售员在提问时最好不要很突兀，要保持问题的连贯性。譬如，销售员在做完自我介绍后，通常会以第一个问题开始交流。身为销售员，你可以准备很多个问题，但是第二个问题提出的时机必须是在你觉得你的第一个问题得到充分回答后，或者至少对方已经记住了第一个问题。

销售员在提问时，要确保每个问题都有逻辑上的联系，在表述时，应该保证问题之间的切换要通顺。在提问后续问题时，应把每一个问题和刚刚讨论的话题之间的联系展现出来，以免对方听起来凌乱不堪。只要能有逻辑地安排好你的问题，确保问题之间的连贯性，对方听起来就不会显得突兀。

通常情况下，追问过程中客户可能会说出一些值得进一步探讨的话题或者提出一个你意料以外的看法。这时候，身为销售员，要认真地倾听，然后围绕它们进行追问。譬如，你可以对回答不一致的地方进行追问，但是不要让对方觉得你是在故意挑刺。在探索这些矛盾点时应该尽量温和，但是不要对每一个矛盾点都进行追问，这样会让对方很反感。

连环发问到底该问多少，这并无规定，但是尽量要少些，这样才能够保证你有足够的时间听清楚对方想要告诉你的内容，破解对方的深层次需求。在这需要注意一点，在有些情况下最好不要追问，即使有些东西看起来令人很困惑，因为在交谈时，对方很有可能不愿意展示真实的自我，会带着某种"面具"进行自我保护。这时候，你可以询问一些具体的经历或者事例。

有人认为问题的连贯性便是在提问之前想方设法地去准备问题，使得所准备的问题之间存在相关性。事实上，问题之间是否相关，并不是看问题本身。因此，销售员要想保持问题的连贯性，其诀窍在于针对对方的回答，挖掘出问题的线索，进而提出下一个问题。

第六章

细观察：微表情读懂客户的隐心理

想了解一个人内心所想，不用刻意的去猜测，可以从对方各种生活习惯中得到启示。销售员在与客户交谈时，一定要多观察。通过对客户的表情、着装、眼神、举止、神态等方面的观察，可以及时地了解对方的心理变化，从微表情中读懂客户的隐心理，把障碍消灭在摇篮之中。

微表情是客户心迹的流露

"微表情"属于心理学名词。很多时候，人们那些不受控制的细微表情往往会"泄露"出一些真实的信息。心理学上把这种不受控制、由习惯使然或者情绪引发的表情称之为"微表情"。一般情况下，"微表情"可以持续 1～25 秒。虽然一个微表情只持续一瞬间，但是这种特征很容易暴露一个人的情绪。

拿破仑·希尔曾说过这样一句话："人们的面部表情是其内心世界的水印图。"的确如此，人的情绪变化总是会或多或少地在其脸部上有所表现，我们将这种表情展现的部分称之为表情语言。美国著名心理学家米歇尔·普洛斯总结出：情感表达 =45% 的语言 +55% 的面部表情。

身为销售员，在与客户交谈前，必须要观察清楚对方的表情，从而揣摩其心理，了解对方隐藏在表情背后的真实想法，这样的交谈才更有针对性。

一天，张华去拜访一位很重要的客户，如果不出意外，今天就可以顺利签单。见到客户后，张华刚要谈业务问题时，却发现客户的脸上充满了焦虑，眼神也有些游离。张华意识到，客户一定是有很重要的事去处理，但是因为与自己事先约好了，又不好意思直接说，只能很纠结地硬撑着。

面对这种情况，张华深知即便是自己讲得口干舌燥，对方也不一定能听进去。于是站起来说："邢先生，实在是不好意思，虽然事前与您约好，但是也没事先打电话跟您再沟通一下。您现在方便吗？如果您有要紧的事要处理，我先回去，等您有时间了我们再坐下来详谈。"

客户立即说:"真不好意思,我的确有些事需要马上处理,我们的事只能改天再详谈了。这样吧,我处理好手头的事情就给你打电话。"

"好的,您先忙,我等您电话。"张华说完就离开了。

三天后,客户处理好事情,第一时间就联系了张华,不仅爽快地与张华签订了之前谈好的业务,还额外地增加了一些业务。

张华没有紧逼却顺利签单,其秘诀在于他善于察言观色,通过客户的表情看出客户有急事要处理,于是选择离开,给对方留出足够的时间去处理事情。客户从张华的言行中发现他的人品很好,并看到了他的工作能力,于是选择与他合作。

由此可见,善于察言观色的销售员往往能够通过对方表情的变化来把握对方的心理,从而达到想要的目的。那么,销售员如何通过"微表情"来洞察客户内心的真实想法呢?我们总结了几点供大家借鉴。

通过不同的笑了解对方的心理性格

笑是最常见的一种面部表情,但是并不是每一个人在面对同一件事时都会表露出相同的笑容。有的人是掩口而笑,有的人只是微微一笑,有的人则是捧腹大笑……说到表情语言就不能忽略笑。通过不同的笑,销售员可以了解客户的心理性格,更有利于交谈的顺利进行。

通常,掩口而笑的人大多比较谨慎,性格温和,不会轻易地吐露出自己的真实想法。销售员在与这类型人交谈时,在沟通上会有一定的困难,这时候需要销售员真诚地引导,或者采用别开生面的开场白,打开对方的话匣子。

微笑的人大多属于性格内向型,他们头脑冷静,心思缜密,通常很善于隐藏自己。销售员在与这类人交谈时,需多费心思,多揣摩对方微笑背后的含义。也许他根本不赞同你的意见,也许他觉得自己的地位被低估了,也许他认为有更好的合作方式,也许他已经感到满意了……不管对方怎么想,他都不会轻易地让销售员看出来。这时候,销售员要加倍小心,抓住每一个细节,从中找到对方的突破口。

在与客户交谈的过程中,常常捧腹大笑的人大多很有幽默感,为人正直,心胸开阔,不会因为一点小事斤斤计较,富有同情心。销售员在与这类型的客户交谈时通常会感到很轻松,只要销售员不贪心、不尖刻,便会很容易达成协议。

如果客户在与你交谈的过程中总是笑容满面,充满激情,表情轻松自然,这说明对方对所谈论的话题以及涉及的内容很感兴趣,那么,销售员完全可以与其进行深刻讨论。

有人会问,有些人比较善于伪装,不希望别人通过表情看穿自己的小心思。在这里教大家一种识别真笑与假笑的方法。

销售员要想识别客户笑容的真假,最关键的是看鱼尾纹肌。无论是老人还是小孩,在真笑时都会咧开嘴,嘴角都是上扬的,鱼尾纹肌是皱在一起的。不管有没有鱼尾纹,鱼尾纹肌都是相同的。如果对方是假笑,虽然嘴部表情一样,但鱼尾纹肌是不会发生太大变化的。销售员只要仔细观察,一定可以从对方的脸上发现一些蛛丝马迹。

从嘴角弧度判断一个人的内心世界

嘴巴是人宣泄内心情感的重要通道,在与人交流时,嘴部的动作也是丰富多彩的。通常,嘴部动作往往和说话人的心理活动之间存在着一定联系,能够反映说话人的内心状态,是打开人内心世界的钥匙。

心理学研究表明,人的脸部肌肉通常会随着感情的变化而变化,眼睛和嘴巴四周的肌肉最明显。根据嘴角弧度的不同,嘴部的动作可以分为很多种,或向上或向下,或闭合或张开,或抿紧或放松,或向前或向后,人

们不同的嘴部动作所反映的心理活动也是不同的。譬如，嘴巴大张表示惊讶，嘴巴上扬表示喜悦，嘴巴紧闭表示生气，等等。

因此，销售员可以通过观察对方的嘴角弧度，来判断对方的内心状态。下面为大家总结了几种常见的嘴角弧度所对应的内心状态（图6-1）。

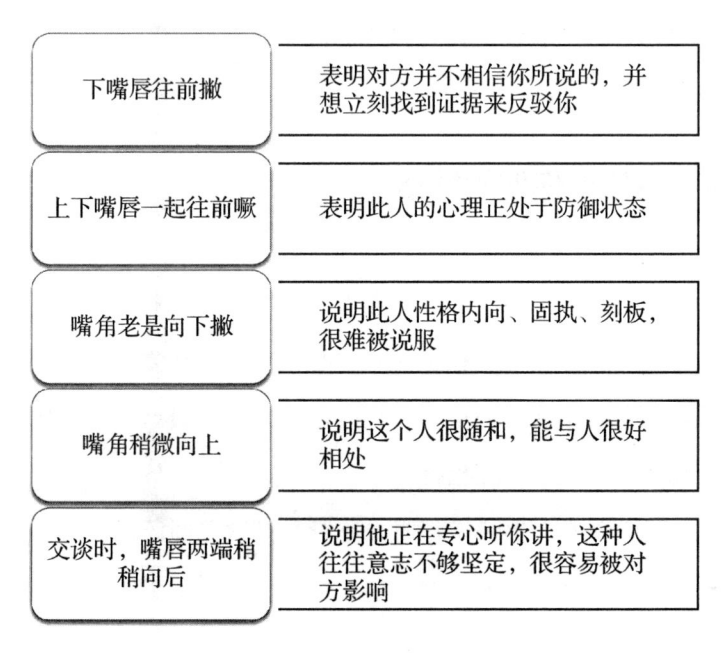

下嘴唇往前撇	表明对方并不相信你所说的，并想立刻找到证据来反驳你
上下嘴唇一起往前噘	表明此人的心理正处于防御状态
嘴角老是向下撇	说明此人性格内向、固执、刻板，很难被说服
嘴角稍微向上	说明这个人很随和，能与人很好相处
交谈时，嘴唇两端稍稍向后	说明他正在专心听你讲，这种人往往意志不够坚定，很容易被对方影响

图6-1 嘴角弧度所反映的内心状态

客户表情突然发生变化，说明其想法改变了

通常，人们的表情会随着谈话内容的改变而发生变化，身为销售员，要善于去捕捉这些细微的变化，并能够根据这些细微的变化来调整自己的说话方式、内容以及语气等。

客户的一张脸能够传递给销售员很多信息。身为销售员，必须要正确、明白地读懂其内容，并能够用恰当的方式与客户交谈，这样才能够与客户走在同一轨道上。

譬如，当你与客户谈到某一个关键问题时，客户原本放松的表情突然之间变得不自然，说明所谈论的这个问题很有可能触及到了对方的敏感区，对方不太愿意提及。那么，这时候你就可以转换话题或者将主动权交给对方，从而减少对方的心理压力。如果对方的表情由很凝重，突然之间变为很轻松，说明所谈论的话题已经打消了客户的疑虑。

他的着装会告诉你他的性格

衣着是人类社会的重要内容，它不仅能够掩饰人的动物性，同时也将人在社会中的地位区分开。在选择衣着时，人们往往会情不自禁地倾向于某种款式、颜色、搭配、面料等，从而形成一种习惯。所以，一个人的衣着往往与这个人的性格特点相符。

因此，销售员在与客户交谈时，不管是初次见面还是多次接触，必须对对方的衣着与性格的关联有所了解，以便更确切地了解对方的性格、素养、气质、情趣，等等。

譬如，当你在与客户第一次接触时，如果对方穿的是正装，说明他很重视这次交谈；如果对方穿的是休闲装，说明他对这次的交谈不是很重视，或者是他认为自己能力很强。当你与对方接触几次后，他的穿着越来越随性，说明一切都在往好的方面发展；如果对方的穿着依然很正式，说明对方可能底气不足，或是说明对方非常重视这次业务。

接下来，为大家介绍服饰和个人性格的关系。

服装颜色"曝光"的性格秘密

颜色是色彩缤纷的展示。每个人都有自己喜欢的颜色，因为每个人的性格不同，所喜欢的颜色也会不同。因此，销售员要善于通过客户服装的颜色来判断其性格。

譬如，喜欢穿深色系服装的人，大多在事业上有点小成就，这一类型的人遇事有主见，沉稳、低调，不太喜欢张扬，但生活缺乏色彩。这类人不管走到哪都会给人一种威严感，特别是在严肃的场合。所以，销售员在与这类人进行交谈时一定要慎重，态度要恭敬但不能自卑，说话不能太冒昧。在与其交谈时，只需全面阐述自己的观点即可，切记不要做过多的解释。

穿着以实用、素雅为原则的人大多心地善良，朴实大方，有一定的度量和忍耐力，不会随意玩弄别人，没有花言巧语。这类人还具有优于常人的洞察力，往往能够把握住事情的实质，能够做出妥善的解决方案。销售员在与这类人交谈时，稳重诚实，言简意赅，慢慢深入即可。

喜欢穿蓝色衣服的人性格相对比较内向，做事严肃深沉，稳重自持，兼具灵动和知性；喜欢穿红色衣服的人，情感丰富，精力旺盛，为人热情奔放，在性格上最大的不足就是易冲动；喜欢黄色服装的人做事潇洒自如，属于乐天派，热爱生活；喜欢绿色服装的人性情平静，心胸比较宽广；喜欢白色服装的人心思比较细腻，单纯冷静；喜欢穿紫色衣服的人具有艺术家气质，多愁善感；喜欢粉色服装的人性格活泼、单纯、不易冲动；喜欢黑色服装的人办事往往很谨慎，遇事能够镇定自若；喜欢杂乱色系的人健谈，生活中缺少明确目标，很容易受他人影响。

从服装的类型判断对方的性格

喜欢穿休闲服装的客户，大多数喜欢享受生活，为人谦逊有礼，做事较严谨。通常，这类人不善于去表达自己的情感。销售员在与这类型的客户交谈时一定要真诚，要让对方发现你的真心，这是打开对方心扉、展开合作的最有效方法。

喜欢华丽、时髦服装的人个性突出，自我意识很强。销售员在与这类人交谈时，要以激情开场，和他们打成一片，这样成交的机会就会越大。

穿着朴素的人对人热情、真诚，性格相对较沉稳。销售员在与这类人交谈时，切记不要浮躁，要保持踏实、沉稳的谈话风格。

穿着时尚的人自我表现欲很强，经常会制造一些意外来吸引他人的目光，不甘寂寞。在与这类人交谈时，销售员可以多说一些对方擅长的时尚类话题，并以此为切入点，切记不要谈论一些深邃的话题。

如果对方穿着非常正统的职业装，不管是男性还是女性，都可以断定对方是公司的管理人员或者做销售工作的。对于公司管理者来说，他们平时的工作十分忙碌，可以跟他们聊一些生活中有趣的事；对于同行，则可以谈论工作方面的问题。

穿着很注重细节的人不会盲目跟风，他们做事踏实，能够明确自己的追求。与这类人交谈时，要多让对方表达自己的观点。当他愿意发表自己的观点时，意味着你们之间的距离越来越近，成交的可能性也就越大。

配饰也能够反映出一个人的性格

除此之外，一个人的个性还可以通过其配饰来判断。每个人都会根据自己的性格选择自己喜欢的配饰来对自己的服装进行装饰，因此，销售员还可以通过对方的配饰来判断其性格。

譬如，从戴帽子的行为可以看出，喜欢戴礼帽的人往往喜欢在别人面前表现得很成熟，觉得自己是干大事的人，对于很多东西都看不惯。如果仔细观察会发现，他们往往会将皮鞋擦得锃亮，并且袜子也很厚实；喜欢戴鸭舌帽的人，希望别人能够认同他的生活方式；经常换帽子的人，他们很清楚什么样的场合该穿什么衣服、鞋，他们对流行的东西很敏感。他们害怕寂寞，不甘寂寞；将帽子戴得很正的人，这类人原则性很强，循规蹈矩，不太会变通；喜欢将帽子歪着戴的人，这类人比较随性，很有幽默感。

从手提包可以看出，喜欢带公文包的人通常对自己、对他人要求都很严格；喜欢方形提包的人，一种是时尚先锋，一种是比较严谨的普通职工；手提包小巧精致的人大多为女性，说明对方有一定修养、地位；手提包很大的人通常很随和，能够迅速与他人建立联系。另外，如果对方的手提包内部层次分明，东西摆放有致，说明这个人很可靠。

从戴手表可以看出，喜欢戴古典金表的人有很好的预见力，不会为了眼前的利益而放弃长远的利益，心思缜密，意志力坚强；喜欢戴专门设计的表的人很在乎自己在他人心中的形象，喜欢独一无二；喜欢戴装饰性手表的人个性很鲜明，比较时尚；不喜欢戴表的人则往往讨厌被时间束缚，自主性强，做事随性。

喜欢戴皮手套的人不太容易接触，性格很孤傲；喜欢手摸戒指的人，善于思考，性格细腻却不喜欢表达；喜欢戴金边眼镜的人内心敏感，心思细腻……

总而言之，一个人的穿着可以透露其性格上的秘密。销售员只要细心观察，就能破解对方的性格密码，从中找到正确的切入点，从而有助于你在与客户交谈时更轻松。

透过客户的眼神窥探其内心世界

科学研究表明，在眼球的后方，感光灵敏的角膜大约有 1.327 亿个细胞，从外界接收到的信息会通过这些细胞传送至人的大脑。这些感官细胞在任意时间均可同时处理大约150万个信息。这充分说明，即便是一个转瞬即逝的眼神，都能够发出成千上万条信息，能够表达丰富的情感与意向，能够泄露内心深处的秘密。

一个人无论其心里想什么，藏着多少秘密，他的眼神都会出卖他，尤其是瞬间难以被察觉的眼神。因此，销售员在与客户交谈时，要注意对方视线的方向变化，透过对方的眼神窥探其内心世界。

某装修公司的小李曾遇到一位难以捉摸的客户，该客户一味地压低价格，并不断威胁小李："你给的价格太高，如果不降低价格，我就找其他的装修公司。"小李有些沉不住气，心想："现在的装修行业竞争越来越激烈，能遇上一个大客户很不容易，如果因为不肯降价而丢了这笔大单，真是可惜！"

当小李将这种想法告诉业务经理后，经理表示愿意陪同小李再次拜访那位客户。拜访之前，经理让小李到时看他的眼色行事。在与客户交谈的过程中，小李与客户又因价格问题产生了分歧。正当小李感到为难时，经理给了他一个眼色，其意思是坚持原价，绝不让利。小李做得很好，最后客户居然签下了这笔交易。

事后，小李不解地问经理："您真有胆量，您怎么知道只要坚持不降价，客户就会妥协呢？"经理笑着说："我仔细观察了客户的身体语言，发现当他看到我们给的装修设计方案时，眼睛变得越来越亮。尽管他总是说我们竞争对手的服务更周到、装修材料更好、价格更低廉，但我发现他在说这些话时，眼神目光有些躲闪，这表示他并不了解我们竞争对手的情况。当你表示不能够让步，否则无法合作时，对方虽然没有说什么，但是眼珠乱转，这就表示对方在思考，其内心并不愿意放弃这次合作。当时我就断定，他一定十分满意我们为他提供的装修方案。"

听完经理一番讲解后，小李恍然大悟。

美国励志大师戴尔·卡耐基曾说过这样一句话："谈话时看着对方的眼睛是最起码的沟通技巧。"销售员在与客户交谈时，正视对方的眼睛，不仅是对对方的一种尊重，更是了解其心理的重要方式。俗话说的好："眼睛是心灵的窗户。"身为销售员，如果你善于在销售的过程中观察客户的眼神，那么，你就能够更深入地了解对方的心理。在了解对方的心理后，你就能有针对性地进行推销。

那么，如何才能够透过客户的眼神，去窥探其内心世界呢？销售员可以从以下几个方面入手。

从对方的视线看穿其内心

人的视线活动方式往往能够反映一个人的心态。一般认为，目不转睛地注视对方谈话的人较为真诚。在日常生活中，如果与不相识的人偶尔视线相对，很多人会立刻转头看向别处，这并不是因为怕被看，而是怕被别人看穿自己的内心。

销售员在与客户进行交谈时，如果对方久久凝视你，表明对方有话要说。这时，你要暂时停下来，将时间留给对方，让其表达自己的想法。

在与客户交谈时，如果对方心不在焉，直接盯住某个地方，表明对方的心思不在所谈论的话题上，或者另有打算。这时候，销售员要暂停所谈论的话题，询问对方的想法。当然，客户不一定会将自己的真实想法告诉你。但是无论如何，都不能不管不问，那样你就无法了解客户的真实需求，交谈也将变得毫无意义。

在与客户交谈时，如果对方心不在焉，视线飘忽不定，说明对你所说的话完全不感兴趣，对你没有好感。这时候，销售员要暂停表述，将话语权交给对方。如果对方还是不愿意与你说话，那只能说明你们之间没有共同语言。你可以尝试从对方感兴趣的话题入手，调起对方的兴趣。

注意不同寻常的"眨眼"

通过一个人的眨眼频率也能够找到一些蛛丝马迹，这是一种下意识的行为，一般很难控制。心理学家研究发现，当一个人的心理压力突然增大时，其眨眼的频率也会增加。

在与客户交谈时，如果对方的眼睛一眨不眨地盯着你，说明对方可能是被你的话所吸引，也有可能是由于震惊，陷入了想象中。这时，销售员可以变换一下节奏，继续深入当前谈论的话题，让对方的神情有所恢复。

销售员切记不要认为这种状况都是对方被你吸引的结果，它也可能是对方对你的说法表示怀疑，甚至是否定，所以才会一直盯着你，但是大脑却在思考自己的想法。这时候，在对方还没有开始反驳之前，销售员要果断地切换话题。换句话说，就是不给对方反驳的机会，这样你才能够掌握推销过程中的主动权。

还有一些客户在与别人谈话时总是眨眼睛，通常可以表现出此类客户的两种不同状态（图6-2）。

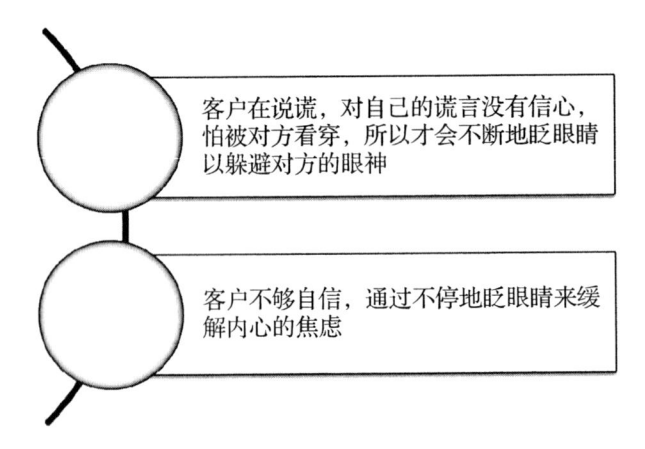

客户在说谎，对自己的谎言没有信心，怕被对方看穿，所以才会不断地眨眼睛以躲避对方的眼神

客户不够自信，通过不停地眨眼睛来缓解内心的焦虑

图6-2 客户眨眼睛时代表的两种情况

不同的眼神所反映的心理秘密

在与客户交谈时，销售员如果能读懂对方的眼神，将对接下来的销售工作带来很大的益处。我们总结了几种常见的关于眼神细微动作的心理秘密，仅供参考（图6-3）。

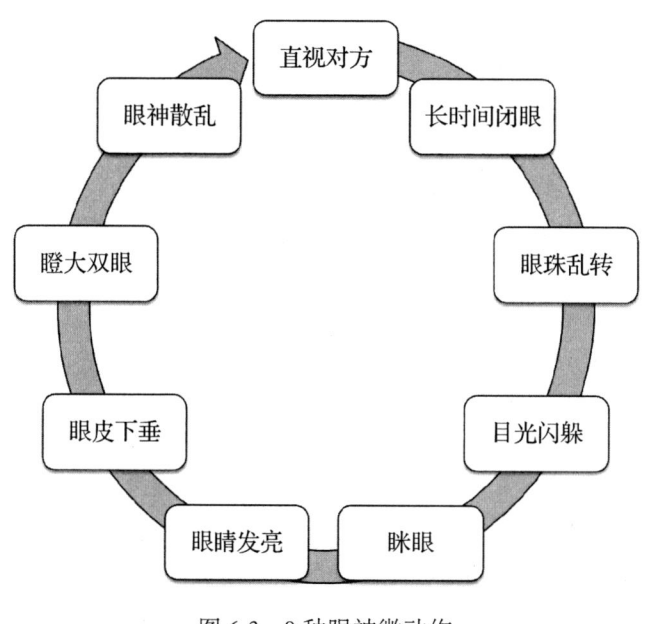

图6-3　9种眼神微动作

（1）直视对方。交谈时，两眼直视对方，所传递的信息包括对方比较友善、有安全感，同时也表明他比较欢迎你，对你有一定的信任感，而且对谈话很专注。这时，销售员与客户保持目光接触，可以给客户留下良好的第一印象，这是和客户进一步沟通的大好机会。

（2）长时间闭眼。销售员在与客户交谈时，如果对方长时间遮住双眼、闭目养神或者耷拉着眼皮，这种动作的心理潜台词是"我不喜欢听这件事""我对这件事不感兴趣"等。这时候，销售员可以尝试转换话题，从对方感兴趣的话题入手。

（3）眼珠乱转。在交谈的过程中，如果对方眼珠向下看或者左右转动，通常表明对方正在处理信息。有些人则是想试图掩盖某种事实，缺乏诚意。

（4）目光闪躲。在谈话中，如果对方回避目光接触，通常被视为不值得信赖或者不真诚。心理学研究表明，如果对方刻意回避你的目光，表示他没有安全感、想逃避、不关心。这是一种消极的心理，也是紧张、害羞、恐惧或者无聊的表现。这时，销售员应该设法缓和谈话的氛围，调节对方的紧张心理。

（5）眯眼。眯眼可以表示压力、不适、评判，甚至是愤怒。销售员在与客户交谈时，如果对方在听完你的讲述后眯眼，通常表明他对所听到的内容产生怀疑并持有不同的观点，或者对你所讲述的内容没有充分理解。这时候，销售员应该及时地停下来询问客户的疑问，要让对方表达自己的观点。

（6）眼睛发亮。研究表明，人们眼睛里的光会随着其情绪的变化而发生改变。因此，悲伤抑郁时，眼神会黯淡；高兴时，眼神会发光。

（7）眼皮下垂。如果对方眼皮下垂，说明对方没有用心在听你讲话，甚至厌倦了你讲话，通常会伴随着打哈欠、看表、反复抠手指等动作。这时，销售员须终止当前谈论的话题，适时转化话题，可以从对方感兴趣的地方入手。

（8）瞪大双眼。当人们对某物或者某个人感兴趣时，瞳孔会放大。这时，销售员可以与其深入讨论，这时候，对方接受你观点的可能性会大大提高，成交的机会也就越大。

（9）眼神散乱。在与客户交谈时，如果对方眼神散乱，说明他对你所讲述的内容没有意见。这时候，销售员不要询问他的看法，不要逼他做决定，而是要进一步详细介绍你的产品，并表达自己的观点，让对方更好地了解你与你的产品。

手部动作掩饰不了的真实想法

数百万年前，我们的祖先就开始用手来使用工具。科学研究表明，人的手部有着丰富的神经，是人身体上神经末梢最多的地方之一。手的结构、颜色、柔韧程度、指形、肌肤粗细，甚至指甲，都隐藏了一个人的脾性。从心理学角度来说，人们平常无意流露出的手部动作，能够表明此人的本性。因此，销售员想要了解你的客户，不妨认真观察一下对方的手势。

手部动作很丰富，每一种都代表着不同含义。特别是销售员在与客户进行交谈时，更不能忽略手部的一举一动。如果运用得当，会起到事半功倍的效果。

万平去拜访一位很有购买意向的客户，其间对产品价格几经拉锯。万平开价5600元，客户还价4000元。万平当然不同意，只向下压价200元，降到5400元。客户也不示弱，继续砍价。双方反复讨价还价，当万平降价到5000元时，他发现客户的双手放在一起来回搓动。虽然只是几下，但根据以往的销售经验，万平知道客户对5000元的报价感到满意。在洞悉了对方的想法后，万平坚持5000元的价格。最终，客户同意以5000元的价格购买了他的产品。

万平之所以能够以对方满意的价格将产品推销给对方，在于他善于察言观色，通过客户的手部动作了解其真实想法。一般情况下，搓手掌的心理密码就是对某些事物仍抱有期待，且这种期待是饱含自信的，与此同时又感到紧张不安或者激动。销售员在与客户谈判时遇到这种情况，要调动对方的期待，并将这种期待持续到签订订单之时。

手部动作是辅助语言表达最重要的途径。因此，身为销售员，在与客户交谈时，要读懂对方的手部动作，并通过其手部动作了解对方的真实想法，从而找到最快"制敌"的方法，那签单成功也就水到渠成了。下面，为大家总结了几种常见的手部动作及心理密码，希望对大家有所帮助。

双手呈十指耸立尖塔状

尖塔式手势是反映极具自信的一种动作，使用这个手势的人非常自信，不仅认为自己的能力没问题，还经常以行业权威自居。这就导致这类人个性中存在自负、骄傲的一面。

身为销售员，在面对这样的客户时，需牢记两点：首先，将交谈的"主动权"交给对方，给对方足够大的表现空间，让对方把骄傲、自信进行到底，这样会让对方感受到你对他的尊重，让对方感觉有面子，他才会高兴地和你进行接下来的交谈。

其次，要掌握主动权释放的程度，要在不影响原则的情况下将主动权交给对方，凡是涉及原则的，销售员必须将主动权掌握在自己手里。在释放主动权时要掌握技巧，切记不要过于强硬，让对方感觉没面子。

双手或者单手插口袋

通常情况下，这类人在对待别人时，常常以自己为中心，在与他人交谈时容易认识偏激，常会说出一些过激的话语。这类人在对待工作时往往表现自信，认为自身的能力足以应对所有的问题。

因此，销售员在与这类人交谈时，要让对方自我良好的感觉得到提升，可以适当地将交谈的主动权让给对方，这样对方会觉得自己占据了上风，会更加彰显自己的性格，便于销售员找到突破口。

边说话边指着对方

这类人往往很自负，给人盛气凌人的威慑力，在他人面前总显得像领导，喜欢时刻表明自己的立场，具有很强的支配欲。

销售员在与这种人交谈时，就距离胜利不远了（图6-4）。

图6-4 应对边说话边指着对方的人的两种方法

张开拇指和食指拖着下巴

通常，这类人性格比较坚定，平时沉默寡言，但是他们的适应能力往往很强，城府很深，面对任何不利的环境都能够采用适当的方式化解。

身为销售员，与这样的客户交谈必定是一场持久战，这类人会在交谈的过程中找到适合自己的时机。所以，销售员不要奢望能够速战速决。那么，销售员在面对这类人时，在节奏上要与对方保持齐平，迎合对方的节奏，坚持自己的原则，保持持续战斗的精神，不要半途而废，在与对方交谈的过程中找到契合点，从而达成交易。

用手支住头部

销售员在与客户进行交谈时,如果对方做出用手支住头部的动作,说明对方已经厌烦了,不想再继续当前的话题,这样做是出于礼貌,为了不让自己的脑袋低下去。

所以,当对方做出用手支住头部的动作时,最好暂停当前的话题,可以聊一些对方感兴趣的话题。

双手放在大腿上

销售员在与客户交谈时,如果客户安稳地坐着,并将双手放在自己的大腿上,通常表明对方是一个性格很沉稳的人,遇事能够镇定自若,能够轻松应对事态发展。同时,这类人很有主见,充满自信,善于对事情做出准确的估计。

销售员在与这类客户进行交谈时,首先,态度要不卑不亢;其次,遇到任何情况都要稳定,切记不要毛毛躁躁。如果做到上述两点,对方一定很愿意与你交谈。

双臂永远不会简单地放着

对于陌生人,人们往往会心存戒备,表现在肢体动作上就是本能地将胳膊抱于胸前,做出防范或者拒绝的姿势。手臂,能够帮助人们表达舒适、接纳、防卫等感情。因此,看一个人的手臂动作,能够清楚地了解对方的内心想法。

销售员在与客户进行交谈时,对方的手臂传递出来的信息绝不比语言少。话语通常是经过思考的，而手臂动作几乎都是下意识的。特别是在情绪不稳、谈话紧张时，手臂动作能够非常清晰地提供一些真实线索。

有一次，乔·吉拉德在做客户回访时，看到客户的同事正在上网浏览一组汽车图片，他觉得这是一位潜在的客户。于是，他对那位潜在的客户说："看得出来，您对汽车有一定的研究，您可以看看我们公司的汽车，这是相关资料和图片。"但是这位潜在的客户马上就拒绝了，并表示没有这方面的需求。

乔·吉拉德说："没关系，您可以随便看，我将资料留在这里。这是我的名片，希望可以帮助到您。"说完，他迅速拿出几款适合男士的车型图。这时，他看到对方的目光停留在其中一款车的图片上，并且双手抬起放在桌上。这个姿势让乔·吉拉德心里一动，这分明是想要认真了解眼前这款车型的姿势啊！于是，乔·吉拉德与这位潜在客户聊起了这款车。最终，潜在客户变成了准客户。

乔·吉拉德通过观察潜在客户的手臂动作来了解其内心想法，最终将潜在客户变成准客户。通常，客户将双手抬起放在桌子上是很普遍的动作，但是聪明的销售员就会心领神会，如果不是对某件事感兴趣是不会做出这种动作的。

双臂可以帮助人们表达出一种肢体语言，往往有很多种表现形式，时间不同、场景不同、任务不同，表现出来的意义也各不相同。销售员在与客户交谈时，对方的双臂永远不会简单地放着。因此，身为销售员，要善于观察，通过对方手臂动作及时掌握对方的心理活动，然后有针对性地进行推销。

端坐时，双臂放在腿上

这是优雅身份的象征，身为销售员，如果与你交谈的客户是这种姿势，说明对方是一个很有修养的人。这类人往往比较注意外在修为，他们认为，一个外在不够优雅的人，其素质也不会很高。换句话说，这类人更坚信外在决定内在。

那么，在面对这类型客户时，销售员的首要任务就是要让对方觉得你也是一个很有修养的人，对方在看到你的行为应答后也会更愿意与你沟通。然后，在与对方交谈时，话语一定要温和优雅，要和动作相匹配，这样才能够让对方在言谈举止上认可你。如果你的言谈举止没有给对方留下好印象，要想在日后交流中挽回，是很难成功的。

双臂交叉环抱在胸前

与客户交谈时，如果对方将双臂交叉环抱在胸前，通常，这种姿势有三种含义（图6-5）。身为销售员，首先要分析对方属于哪种心理，然后有针对性地采取措施。

图6-5 双臂交叉环抱在胸前的三种含义

在与对方交谈时，如果对方话语中的询问较多，说明对方有很多不放心或者不了解之处，正处于防备状态。这时，销售员必须给对方做出详细的解释，从而打消对方的种种疑虑。

如果对方的眼神不太安定或者有些焦虑，说明对方觉得自己的能力在你之上，不想听你讲话。身为销售员，这时要降低自己的姿态，适当地将"主动权"交给对方，采取请教的方式让对方感觉到你的诚意。

如果对方一开口就拒绝或者不愿与你交谈，毋庸置疑，对方对当前的谈话不感兴趣。针对这种情况，销售员要及时转移话题，投其所好，从对方感兴趣的话题入手。

黄建是一名保险推销员，一次，他去拜访一位客户。见面后，黄建首先做了一番自我介绍，然后将资料递给客户。正当黄建打算详细向客户介绍时，客户将双臂交叉环抱于胸前，问道："你可以给我详细介绍一下有关财产保险的一些内容吗？我想了解一下。"客户的这个姿势让黄建心里一动，这表明他有很强的购买意向，但是因为不了解，所以不放心。于是，黄建向客户详细地介绍了有关财产保险的一些内容，其间对方询问了很多关于财产保险的一些问题，黄建都一一做出了解答。最终，对方被黄建的专业服务所折服，购买了一份 80 万元的财产保险。

黄建之所以能够拿下客户，在一定程度上源于他的察言观色，通过对方的手部动作及时地掌握了对方的心理活动，有针对性地采取措施，让意向客户变成了准客户。

端坐时，一只手放在腿上，另一只手放在椅背上

这种姿势往往能够给交谈的对象带来轻松感，这类人开朗、性格豁达，有些不拘小节，属于很好相处的类型。通常，这是男性比较喜欢采用的姿势。

身为销售员，在与这类人交谈时，切记不要正襟危坐，可以随便一点，不能太古板，要与对方互动起来，制造一种轻松的交谈气氛。如此一

来，对方会觉得很惬意，交谈自然也就轻松地多。

观察坐姿，判断客户心理状态

坐姿是身体语言的重要密码，人们在落座时，其坐姿都不一样，譬如双腿并拢、跷二郎腿，等等。不同的坐姿可以透露出不同的性格与心理状态。坐姿和人的容貌一样，有美丑之分。正确的坐姿能够让对方觉得你是一个稳重、有修养的人；而不正确的坐姿会给对方一种无礼、轻浮的感觉。

在一个企业论坛会上，一位英国富商希望找一家有潜力的公司进行投资。很多中小企业都拿出了重点项目并准备了详实的规划，希望能够争取到投资资金。

A公司的代表与B公司的代表都被安排坐在富商旁边。A公司的代表微笑着看了富商一眼，然后猛然坐下，靠在椅背上，挺了挺腰。B公司的代表先礼貌地对富商笑了笑，然后轻轻地坐下，后背挺直，身子直向前方。

两个人的举动富商都看在眼里。在A公司的代表阐述完企业策划案后，富商很有礼貌地说了一声"谢谢"。B公司的代表讲述企业策划案时，富商听得津津有味。在B公司的代表陈述完后，富商问了他很多问题，随即决定投资这家公司。B公司的代表惊呆了，来交流的公司有上百家，他所在的公司规模最小。

富商之所以选择这家公司，是因为他通过B公司代表的举止感受到了一种难得的精神风貌，这是一种积极向上的风貌，他相信这家公司一定不会让他失望的。

第六章
细观察：微表情读懂客户的隐心理

平时谁都不太注意的坐姿竟成就了一家公司，由此可见坐姿的重要性。那么，坐姿究竟能够体现出哪些不同的性格呢？销售员又如何通过对方的坐姿来判断其心理状态呢？下面，我们总结了几种常见的坐姿以及这些坐姿所体现的性格。

坐着时，双腿不断地抖动

这样的人处事简单，性格率真，不愿受烦恼的束缚，通常这类人思维相对简单。而正是因为他们的思维相对简单，从而导致他们没有耐心，处事不够沉稳，容易生气。但是，思维简单也造就了这类人对事物的高度灵敏性，对事态的发展能够快速地做出正确判断。

身为销售员，如果你面对的客户是这种性格，那么，你需要用最简单的方式来介绍自己的产品，其目的是让对方从简单的叙述中作出自己认为正确的判断，那么，谈判自然也就容易得多。

坐着时，双腿并拢，双手交叉放于大腿两侧

这样的人为人很古板，往往不愿意接受他人的意见，甚至有时明知对方说的是对的，但他们仍不肯放低自己的姿态，让人感觉不易接触。这类人对一些无关紧要的事喜欢固执己见，他们缺乏耐心，比较挑剔，凡事都想做到尽善尽美。他们爱夸夸其谈，缺少求实的精神，但是对于流行，往往有很敏锐的洞察力。

销售员在与这类人进行交谈时，可以从对方感兴趣的话题入手，譬如今年流行的衣服、鞋子、发型等，要让对方发表自己的意见。当对方挑剔你的产品时，要找到对方挑剔的真正原因，并鼓励对方对产品进行挑剔，满足对方追求完美、追求安全的心理需求，用真诚、耐心换取对方的认可。

坐着时，双腿交叉，双臂张开

这样的人随机应变能力很强，性格比较沉着、冷静，善于处理一些突发事件。与此同时，他们心胸豁达，能够接纳他人的意见或者建议。但是，这类人往往不会在他人面前表露出自己的真实情感。

销售员在与这类人进行交谈时，要谦虚，要做到以诚相待，在介绍产品或者阐述自己的建议时思路要清晰，要经常询问对方的想法并认真听取对方的建议。在交谈的过程中，如果产生了分歧，要静下心来慢慢协商，从双方的建议中找到契合的点。

坐着时，双腿紧紧并拢，双手放在膝盖上

这样的人一般属于性格内向型，感情非常细腻，为人谦逊，情感世界很封闭，在处理一些事情上往往顾虑很多。对于新事物与新环境，需要一定的适应时间。这类人常常喜欢替别人着想，为人真诚，虽然性格内向，但是他们的朋友不少。在思考问题方面比较全面，对待工作一丝不苟，他们的观点一般不会有太大的变化。

在与这类人进行交谈时，切记不要急躁，因为对方顾虑很多，如果过于着急，会激发对方的防御心理。一旦对方的防备之心陡增，那么，接下来的交谈就会变得很艰难。因此，销售员在与他们交谈时，要给对方充分的时间去适应、了解，待对方充分了解产品后，通常会产生主动合作的兴趣。

坐着时，双腿着地，分得很开

这样的人性格相对比较开朗，为人处世真诚且富有宽容心，善于保持良好的人际关系，值得他人信赖。这类人对事物有相对较高的敏感性，往

往能够快速并正确地判断出事物的本质。除此之外，这类人具有较强的忍耐力，在与别人谈话时，能够自始至终、精神集中地倾听，是很好的"听众"。

销售员在与这类人交谈时，要以诚相待、以笑相对，要有足够的耐心。交谈时可以将自己的想法全面说明，但是在说明自己的想法后要给对方留下足够的思考时间。与此同时，也要给对方留有足够的时间阐述自己的想法，成为对方的"听众"，这样有利于交谈的顺利进行。

半躺而坐，双手抱于脑后

这样的人善于控制自己的情绪，性格相对较随和，与任何人都能够友好相处。通常，他们的适应能力很强，对生活充满朝气，喜欢学习，有较强的毅力。他们的个性热情，善于雄辩。但是，他们并不是在任何场合都喜欢表现自己，这完全取决于当时他们面对的对象。

在与这类人进行交谈时要表现自然，在介绍产品时要清晰，多和对方交流一些关于生活、学习方面的话题。在交谈时，如果对方与你的观点不一致，这时要让对方将自己的观点表达出来，静下心来慢慢协商，从双方的观点中找到最合适的解决方案。

身为销售员，不仅要注意观察客户的坐姿，也要培养自己的良好坐姿。好的坐姿能够给人以平整、端庄的印象，你的"坐相"可以决定销售的效果，也可以决定销售的结果。

从"空间距离"测量客户的心理距离

一位心理学家曾做过这样一个实验：在一个快要关门的阅览室里，当里面只有一位读者时，心理学家直接走进阅览室坐在那位读者的旁边。实验进行了大概80次。结果证明，每一位读者都不会容忍一个陌生人紧挨着自己坐下。大多数人会选择默默离开另选座位，甚至有些人会问心理学家："你想干什么？"从这个实验中可以得出一个结论：没有人能够忍受陌生人闯入自己的空间。

空间距离在一定程度上反映了彼此之间的心理距离，距离的远近和关系的亲疏息息相关。身为销售员，如果你擅自闯入客户的私人空间，破坏对方对安全距离的要求，那么，只会遭到对方的防范和抵触。

因此，销售员要善于透过客户和自己保持的距离来窥探客户的心理，要善于利用空间的转换来拉近自己和客户之间的距离，从而增进彼此的感情，让客户接受你，并接受你的产品。

林涛是一名办公室用品的销售员，他想将自己的产品推销给某公司，于是便去拜访该公司的采购经理，但是去了几次，效果却并不理想。第一次去，采购经理避而不见；第二次虽然让他进了办公室谈话，但是只是站着聊了几句，就说有事离开了。

但是，林涛并没有灰心。有一天，他又去拜访这位采购经理，恰巧遇上经理与他的秘书正在费劲地搬一台复印机到自己的办公室。于是，林涛主动上前帮忙。林涛的热情与善意让经理很感动，于是便在忙完之后与他坐下聊天。最后，经理愉快地在林涛这购买了一批办公室用品。

在这个故事中，林涛把握好了与客户的空间距离，用自己的热情给客户带来了好感，从而拉近了彼此之间的心理距离，结果不言而喻。

心理学家研究表明，空间距离和心理距离是密切相关的。每种关系都有着不同的距离范围，亲人之间不会离得太远，陌生人之间不会离得太近。

不可否认，销售员在与客户初次见面时，彼此之间难免会有一些隔阁，客户对销售员避而远之也是情理之中的事。身为销售员，不能因此而灰心，应想办法缩短彼此之间的距离，使对方的心渐渐向你靠拢，接受你并接受你的产品。

那么，销售员如何从空间距离测量客户的心理距离呢？我们总结了几点，供大家借鉴。

通过距离洞察客户的情感变化

通过彼此之间的空间距离可以较准确地判断出你和对方的关系以及亲密程度。作为一名销售员，要善于通过与客户之间的空间距离来测量对方与你之间的心理距离，洞察对方的情感变化，并能够运用可见距离的转换，让对方的心向你靠近。

身为销售员，当你去拜访客户时，如果对方始终将你挡在门外，或者即便请你进门，但是与你隔着很远的距离，很简单地说几句就以各种理由离开，这说明对方对你的防范和抗拒心理非常严重，这种情况下交易很难成功。

如果客户将你请进办公室或者家里，与你面对面隔着办公桌或者茶几，双方坐着进行交谈，这说明对方对你以及你的产品都是能够接受的。那么，交易成功的可能性也就相对较大。

如果客户愿意坐在你身旁，听你详细地介绍你的产品，说明对方越过了彼此之间的隔阂，对你以及你的产品很感兴趣，并有购买的意向，想要进一步了解。那么，你只需要稍微地争取一下，对方就会购买你的产品。

那么，如何缩短与客户的空间距离呢？销售员可以通过转换谈判场地的方式来缩短与客户之间的距离。譬如，将见面的地方换成咖啡厅、茶馆、酒吧等休闲场所，创造一种和谐、轻松的氛围，从而减少双方心理上的陌生感，自然拉近双方的心理距离。与此同时，销售员还可以借助一些社交活动，譬如高尔夫、保龄球、棋牌等娱乐方式，来了解你的客户，增进彼此之间的亲密感。

与客户保持适当的距离

距离太近会给人一种局促感、压抑感，会让人本能地感觉到不安。尤其是销售员在拜访客户或者接待客户时，一定要把握好与客户之间的距离。

张总把某公司的销售员送走后，脸上的笑容立马消失不见了，转身对秘书说："这家公司的销售员素质一般，看样子这家公司也不怎么样。"秘书问："您是从哪里判断的？"张总说："我刚才在和那名销售员谈业务时，他与我贴得很近，说话时唾沫都飞到我脸上了，我还能够清楚地看到他头上的头皮屑，现在想起来都觉得恶心。"秘书说："您说得很有道理。"

在这个故事中，销售员没有把握好与客户之间的距离，和客户靠得太近从而引起了对方的反感，结果可想而知。那么，销售员在与客户交谈时，保持多远的距离才不会让对方反感呢？为此，美国著名的心理学家爱德华·霍尔通过多年的观察与研究，将人与人之间的距离分为了以下几个区域（图6-6）。

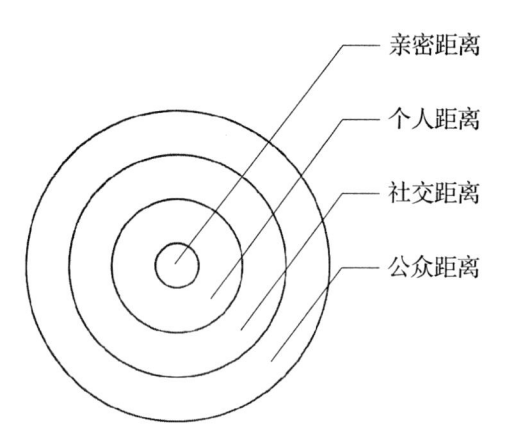

图6-6 人与人之间最常见的几种距离分区

■ 亲密距离

这是人际交往中的最小间距，即我们经常说的"亲密无间"。亲密距离，顾名思义，指的是两个感情深厚、关系非常密切的人之间保持的距离，譬如夫妻、父母、恋人或者关系密切的同伴。这种距离通常在 0～0.45 米，彼此能感到对方的气息，彼此之间可以耳鬓厮磨、肌肤接触，身体上的接触可能表现为挽臂执手。这是为了给对方以安慰、保护和爱抚而保持的较近的距离，在这个距离内，彼此之间伸手可触。

因此，在人际交往中，一个不属于这个亲密圈子的人随意地闯入这个空间，无论他是何居心，都是不礼貌的，会引起对方的反感。

■ 个人距离

个人距离是稍有分寸感的距离，在这个距离内，彼此之间很少有肢体上的接触，但是能够友好地交谈，能够让彼此感受到一种亲密的气息。这种距离通常在 0.45～1.2 米，这是比较熟悉的人或者朋友之间的距离，如果陌生人进入这个距离会构成对别人的侵犯。这个距离彼此之间正好能够相互亲切地握手，友好地交谈。

■ 社交距离

社交距离是一种礼节性或者社交性的人际距离。这种距离通常在 1.2～3.6 米。超过了身体能够接触的界限，是正式的社交场合中人与人之间的距离，给人一种严肃、安全、庄重感。在社交距离范围内没有直接的身体接触，处在这个距离中的双方既不会觉得生疏，也不会害怕受伤，在办公室很常见。

■ 公众距离

公众距离通常指的是听众与演说家、粉丝与明星之间的距离。这种距离可以分为两种：接近型（3.6～7.5 米）和远离型（7.5 米以上）。公众距离能够让仰慕者更加喜欢偶像，既不会觉得遥不可及，还能给人一种神秘感，仿佛说者与听者之间有很多思想或者问题有待交流与解决。

人际交往的空间距离并不是固定不变的，它具有一定的伸缩性。通常，这依赖于双方交谈的关系、具体情境、文化背景、社会地位、心境、性格特征，等等。一般来说，有地位、有权利的人对于个人空间的需求会相对较大。此外，人们对自我空间的需求会随着情境的变化而变化。譬如，在拥挤的公交车上，人们往往无法考虑自我空间；在空旷的公共场所，人们的空间距离会扩大，如餐馆、公园、休息厅等。

身为销售员，在了解了交往中人们所需要的自我空间以及适当的交往距离后，就可以有意识地选择与客户交往的最佳距离，并通过空间距离的信息，了解对方的性格、社会地位等。这样既能够给对方所需要的自我空间，不会引起对方的反感，又能够顺利地与对方进行交谈。

第七章

善于发现：顺利搞定对方能拍板的人

在销售的过程中，有时与销售员交谈的客户是一个无权做出购买决定的人，和这种人进行交谈会浪费大量的时间。他们表面上往往显得很欣赏你所推销的产品，但实质上他不可能与你达成交易。一旦出现这样的情况，就意味着之前所有的努力都白费了，这对销售员来说无疑是一件沮丧的事。因此，作为一名销售员，首先要清楚消费者购买决策的常见路径，要善于发现拍板的人，并通过不同的方式搞定拍板人，这样，你的销售业绩才能够不断提升。

消费者购买决策的常见路径

消费者购买决策指的是消费者在谨慎地评价某一个品牌、产品或者服务的属性后，进行理性选择，即用最少的成本购买能够满足某一个特定需要产品的过程。

购买决策在购买活动中占据着极为重要的地位，是购买行为中的核心环节，起着决定和支配其他要素的关键作用。首先，消费者决策进行与否决定了其购买行为；其次，决策的内容规定了其购买行为的时间、地点以及方式；再次，决策的质量决定了其购买行为的效用大小。

消费者购买决策的常见路径主要有以下几种，我们来具体分析一下。

确定需要

消费者认识到自己有某种需要时，是其决策过程的开始。通常，这种需要可能是受到外界一些刺激引起的，也可能是由于内在的一些心理活动引起的，或者是内外两个方面共同作用的结果。譬如，看到同事买了一件很新潮的衣服，自己也想购买。因此，销售员要不失时机地采取相应的措施，唤起并强化客户的需求。

搜索信息

消费者在认识到自己的需求后会寻找满足需求的途径，换句话说，就是找到解决问题的方案。而为了使解决方案具有可靠性和充分性，消费者会搜集决策需要的相关信息，包括能够满足需求的产品的价格、种类、品牌、质量、购买场所，等等。

通常，消费者在搜集信息时主要有两种方式：内部搜集与外部搜集。所谓的内部搜集，指的是消费者利用长期记忆中的相关信息来寻找现存的、令人满意的解决方法，或者通过分析各种潜在解决办法的特点，在进行比较后选择最佳解决办法；外部搜集，顾名思义，指的是消费者从外部来源获得的与某特定购买决策相关的信息和数据。一般情况下，消费者搜集的信息主要来源于4个方面（图7-1）。

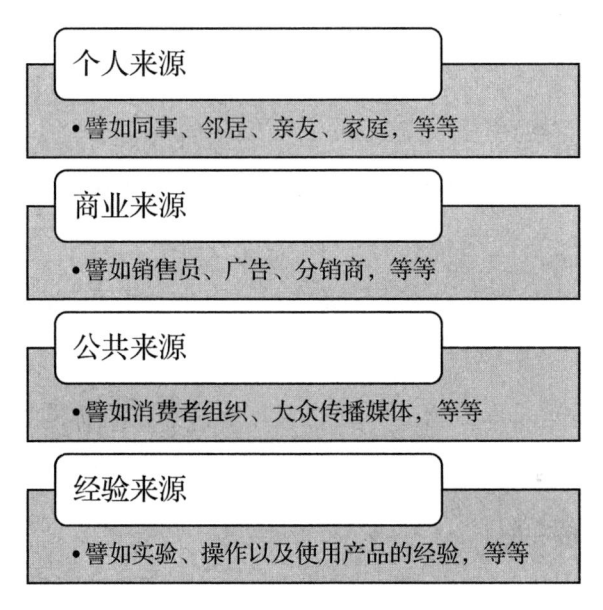

个人来源
- 譬如同事、邻居、亲友、家庭，等等

商业来源
- 譬如销售员、广告、分销商，等等

公共来源
- 譬如消费者组织、大众传播媒体，等等

经验来源
- 譬如实验、操作以及使用产品的经验，等等

图 7-1 消费者搜集信息的 4 大来源

购买评价与选择

消费者通过搜集得到的各种有关信息可能是重复、互相矛盾的，因此他们会对这些信息进行对比、分析和评价，然后提出多个购买的备选方案，并根据自己的购买标准对可选的方案进行比较分析和选择，最后才决定购买。

在这，我们需要重点研究两个方面：评价标准和消费者进行选择时所采用的决策规则。所谓的评价标准，指的是消费者针对某一特定类型的问题而寻求的一些利益或者特征。

一般情况下，消费者进行选择时采用的决策规则主要有六种。

连接式决策规则

通常，在连接式规则下，消费者会对每一项评价标准设置最低可接受的表现水平，然后再选择所有超出了这些最低标准的产品，用一句话说就是"我将考虑所有符合我认为重要属性标准的产品"。

排除式决策规则

消费者对评价标准按照重要程度进行排序，并对每一个标准设立切除点，从最重要的属性开始对所有产品进行考察。如果产品没有超过切除点，那么就会被排除在外；如果不止一个产品超出切除点，那么，考察过程将根据第二重要标准重复进行，直到最后仅剩一个产品为止。即消费者的逻辑是"我将购买那个具有其他产品不具有的最重要属性的产品"。

析取式决策规则

指的是消费者对每一个重要属性建立一个最低的、可接受的表现水平，任一产品只要有一个属性超出最低标准，都在可接受范围之内，用一句话说就是"我将考虑所有在任一属性表现很好的产品"。

编纂式决策规则

指的是消费者将评价标准按照重要程序进行排序，然后选择出重要属性中表现最好的产品。如果有两个或者两个以上的产品等序，将按照次重要属性进行排序，直到只剩一个产品。简而言之，就是"我将选择对我而言在最重要属性上表现最好的产品，如果两个排序相等，我将依据次重要属性选择其中最好的一个"。

补偿式决策规则

指的是消费者有时希望在决定对某一个产品的总体品牌偏好时,能够在一种表现极好的属性和不太吸引人的属性之间做某种程度的平衡。

下面,我们以6款笔记本电脑为例做进一步理解,如图7-2所示。

评价标准	消费者知觉					
	联想	惠普	戴尔	宏碁	苹果	东芝
价格	5	3	3	4	2	1
重量	3	4	5	4	3	4
处理器	1	3	3	3	1	5
电池使用寿命	5	5	5	5	5	5
显示质量	3	3	4	3	5	3
售后服务	3	3	3	3	3	5
备注:1表示最差;5表示最好							

图7-2　6种决策规则的运用(以笔记本电脑为例)

通过不同决策规则的使用,产生不一样的结果(图7-3)。

决策规则	品牌选择
连接式决策规则	惠普、戴尔
排除式决策规则	东芝
析取式决策规则	东芝、戴尔、联想
编纂式决策规则	联想
补偿式决策规则	东芝

图7-3　使用不同决策规则产生的结果

在消费者的决策选择过程中,有三点值得销售员注意(图7-4)。

图 7-4　销售员在消费者决策过程中需注意的三点

决定购买

消费者对产品信息进行比较、评选后,已经形成了购买意愿。通常,消费者在决定购买后会有三种选择,第一种先品牌后店铺;第二种先店铺后品牌;第三种是同时选择品牌和店铺,这属于具体性购买计划。

除此之外,还有计划外购买,指的是消费者在店内做出的购买行为。但是这些购买并不在消费者进店前计划的购买之列,通常还有缺乏理性与缺乏评价选择的意味。

购后评价

购后评价包括购后的满意程度以及购后行为。消费者购后的满意程度往往取决于消费者对产品的预期性能和产品使用过程中的实际性能之间的对比。通常,消费者购买后的满意程度决定了其购后行为,决定了其是否会重复购买该产品,决定了其对该品牌的态度,并且这种态度会影响到其他的消费者,从而形成连锁效应。

第七章
善于发现：顺利搞定对方能拍板的人

联系人、负责人、拍板人

在这个竞争日益激烈的时代，别人凭什么要听你的话？又凭什么要买你的产品？许多销售员只是为了推销而推销，并没有了解客户的真实需求、客户的喜好以及客户的关系！这样跑业务，就算你很勤快，也是瞎忙活！

我们听到销售员抱怨最多的是在推销过程的决策阶段，他们却在和一位没有决策权的人会面，或者说决策者没有办法亲临现场，最终导致销售活动以失败告终。

在客户的公司里，一般分为三类人（图 7-5）。身为销售员，要搞清楚这三者之间的关系，这对于之后的销售工作至关重要。只有理顺了客户之间的关系，搞清楚了重要客户的喜好，得到了重要客户的欣赏和喜欢，那么，你和你推销的产品才能很容易被对方接受，从而顺利拿下订单。

图 7-5　客户公司里的三类人

何谓联系人、负责人、拍板人

不同行业的销售员虽然业务不同,但是其销售模式还是大同小异的。对于销售员来说,要分清楚联系人、负责人、拍板人三者之间的关系,这有助于之后销售工作的进行。下面,为大家详细的介绍这三类人之间的关系。

联系人

在管理学中,联系人是人际角色中的一种,其任务是维持和外界提供信息的网络。联系人在公司,通常是负责对项目进行招标、跟进、联络,这类人在公司一般处于低层,譬如业务员。

身为销售员,要明白一点,这类人往往是不能忽视的,因为在没有人介绍的情况下,你要想知道客户公司上层的关系(通常情况下,高层领导是不会将自己的联系方式放在招标公告栏里让他人知道的),就需要通过此人的介绍。所以,搞好与联系人的关系是必不可少的。

负责人

顾名思义,指的是担负责任的人,一般指负责某一项事务的人,譬如项目负责人,生产负责人、质量负责人,等等。负责人在公司单位主要是负责审核投标单位的,这类人在公司单位一般是领导的角色,在一些小公司或者小单位,这类人有可能是负责人兼拍板人。

对于销售员来说,这类人是很重要的,因为他们负责对投标单位进行审核。换句话说,就算他不是最终的拍板人,但是他在公司也是属于管理层。所以,他的意见对拍板人最后做出决定有很大的影响!所以,身为销售员,要重视这类人,并与这类人搞好关系。

拍板人

所谓的拍板,就是下决定,拍板人其意思就是在某件事上最终作出决定的那个人。在大企业、大公司、大单位里,指的是最有影响力的领导。

但是，他们未必是全公司最大的领导，但是他们是拍板人，所以他们手握重权。

身为销售员，要想在客户的公司里找到拍板人，不是件容易的事。因为联系人、负责人往往不会轻而易举地告诉你谁是最终的拍板人。

如何确定谁是拍板人

拍板人往往是最难搞的，因为他们可能是企业、公司的老板，也有可能是公司管理层的领导。销售员在了解了联系人、负责人、拍板人三者之间的关系后，如何确定谁是最终的拍板人呢？可以通过联系人、负责人来确定拍板人，这就需要你与他们搞好关系。因为当你和他们搞好关系后，可带来三种正面效应（图7-6）。

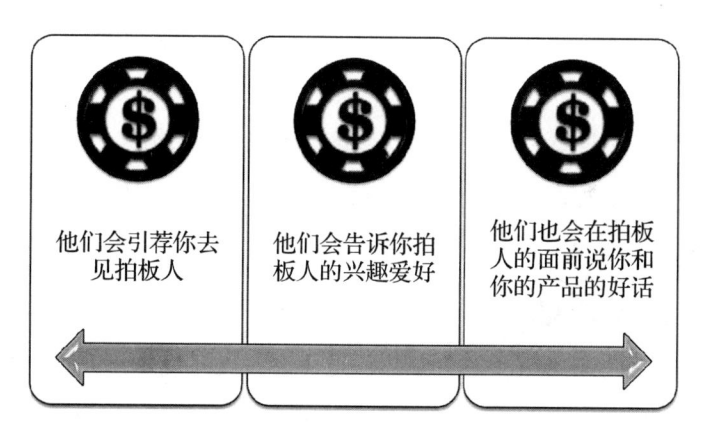

图7-6　与联系人、负责人搞好关系后的三种正面效果

| 他们会引荐你去见拍板人 | 他们会告诉你拍板人的兴趣爱好 | 他们也会在拍板人的面前说你和你的产品的好话 |

从"较远的距离"弄清目标

当你拜访同一个客户多次后，对方还是迟迟不肯下单，这时候你就要

思考一下自己是不是找错人了？身为销售员，在拜访客户之前一定要先将决策人调查清楚，他到底是采购经理、销售经理还是财务主管等。举个例子，如果你要找客户购买你的产品，你应该拜访采购经理；如果你想加大自身产品的宣传力度，你最好找一线销售员或者营业员。

那么，如何找到决策者呢？优秀的销售员在拜访客户之前，往往会从"较远的距离"弄清楚推销的目标，找到决策人，这样他就可以在介绍完自身产品之后询问对方是否购买，避免了对方以"我不能做主"为由来推脱，也避免了浪费销售员的精力和时间。

唐伟是一家软件公司的销售员。一天，他按照事先的约定去一家金融公司拜访客户。这家金融公司的规模很大，相当气派。

唐伟向前台接待员做了自我介绍后并说明了自己的来意，于是，接待员把他领到会客室。推开门，唐伟发现会客室里有很多人。原来是该公司的研发部刚刚开完例会，大家听说软件公司的销售员来了，纷纷想知道这家软件公司的产品怎么样，与公司正在使用的软件有什么不同。

唐伟见状赶紧向众人介绍自己的产品："大家下午好，我是……"这时，一位30岁左右的男士站了起来，唐伟以为他就是研发部的经理，于是将名片递给他。大家看见唐伟的举动后都齐刷刷地打量他，但是并没有人站出来和他说话。那位男士似乎想说什么，但是没等他开口，唐伟就主动出击，详细地向他介绍自己的产品。几分钟后，唐伟问男士："经理先生，您是否决定购买我们的产品呢？"

"对不起，先生，你一定是把我当成了研发部经理，很抱歉我不是。虽然我觉得你介绍的产品很不错，但是我没有权利决定是否购买你的产品。"男士说。

唐伟听了这些话，顿时感到非常窘迫。

唐伟错误地将一个没有决策权的人当成了拍板人，把精力花在他身上，最后发现对方不是自己要找的拍板人，使自己陷入了尴尬的境地。之所以会出现这样的状况，其主要原因是唐伟事先没有做好调查。

这种情况在销售行业并不少见，我们经常看到一些销售员在推销自身产品时，见人就推销，无论对方做什么，负责什么。身为销售员，要明白一点，如果自己拜访的人根本没有决定权，那么，你的所有努力都是瞎忙活，对签单没有任何帮助。

身为销售员，如何从"较远的距离"弄清楚目标呢？可以从以下几点入手。

向公司的前台询问情况

作为一名销售员，你去客户的公司拜访客户，但是能不能见到他们大多是由公司的前台来决定的，因为他们最清楚领导的时间安排。因此，你必须对前台表示出足够的信任和尊敬，才能够从她们的口中了解到决策人的信息。

与前台打交道首先要记住一点，想方设法知道她们的名字，这样在下次打电话时就可以直接叫出她们的名字。与前台沟通时要坦诚，而且要讲究一定的策略。我们来看这样一段对话：

销售员："您好，我是×××，不知道能否请您帮我一个小忙？"

前台："你请讲。"

销售员："我想把这些资料（公司的产品或者服务）留下来，但是不知道类似这种事情你们公司是由哪位领导决定的？"

前台看了看资料说："哦，是徐先生。"

销售员："请问徐先生在公司是什么职位呢？"

前台："他是采购部经理。"

销售员："请问还有谁可以决定这类事情？"

前台："采购部经理都无法处理你的事情吗？"

销售员："不，我的意思是如果有两位负责人的话，那么，我需要准备两份资料才行。"

前台："……"

销售员："我想把这些资料和这个字条留给他，不知道您方便给我一张他的名片吗？"

前台："好吧。"说着，递给销售员一张徐经理的名片。

上面这位销售员很聪明。当他很坦诚地把自己准备的资料给前台看过之后，前台直接告诉了他相关的负责人。该销售员在得知谁是负责人后并没有罢休，而是紧接着又询问了负责人的职位，这样一来就可以明确知道负责人在公司中的地位。当确定职位后，销售员又问道是否还有其他的负责人，其目的是为了证实负责人说话的分量；当前台反驳后，该销售员"准备两份材料"的话恰巧为自己解了围，最后成功地得到了负责人的相关信息。

向公司前台询问负责人的情况是最直接的一种方式。通常情况下，只要前台还没有表露出不耐烦的情绪，那么，你就可以多询问一些相关的信息，譬如，"总经理都有哪些兴趣爱好""什么时候打电话给他最方便""总经理一般都到哪家饭店吃饭"，等等。因为有了这些信息，你去拜访负责人时的目的性就更强。

当然，请前台帮忙最后不要忘了表示感谢并适时地询问对方的姓名，下次光临时可以给前台带一些小礼物，这样不失为一个和前台拉近关系的法宝。

向门卫或者当值人员咨询情况

销售员除了可以向客户公司的前台询问客户的情况外，还可以向门卫或者当值人员咨询情况，这比直接进了办公室以后询问要好得多。譬如，销售员可以询问负责人的姓名、职位、上班时间、出勤状况等等。

通常，主事人身边的人往往"警惕性"都相对较高，反应较敏感。然而，距事情"核心"较远的人，大都不存在"利益"关系，因而比较容易接触，同时也不会有"过敏"反应。特别是一些身份卑微的人，因为受到了"垂询"或者"礼遇"，通常很容易表现出意外的热心，并给你帮助。

从"较远的距离"弄清楚目标除了可以向公司的前台、门卫或者当值人员咨询外，还可以向协作单位、对方的上级主管部门以及下属部门咨询，这些方式都可以获得准确的信息。从"较远的距离"弄清楚目标，其目的是为了避免"打草惊蛇"。因为，一旦你踏入准客户的办公室，就不能胡乱问话。如果稍有不当，就有可能引起对方的不快，从而产生阻力或者被拒之门外。

总之，销售员从"较远的距离"弄清楚目标有诸多的好处，既能够不犯事先没有想到的错误，有效避免因准备不足出现失误，还能够帮助销售员迅速找到能拍板的人。

在客户的言谈中发现谁是拍板人

俗话说的好："办事要办在点子上。"身为销售员，在推销产品的过程中要找对人，办对事。如果不能在交谈中找出具有决策权的关键人物，那么，即使你再努力也难以取得成功。

譬如，在推销中，销售员往往会遇到很多人一起来参与购买活动的情况。这时，销售员要从一群人中找出决策者，只要能够说服那个拍板人，其他的人也就不会再有异议。那么，销售员如何才能从众多的客户中找到拍板人呢？优秀的销售员会从客户的言谈举止中发现谁是拍板人。

有一天，一对夫妇来到罗莱家纺专卖店，销售员姚娜接待了他们。这对夫妻在店里转了几圈，最后看中了一张床。妻子问："这张床的尺寸多大？"姚娜微笑着说："1.5米×1.8米。"妻子看着床问道："这种款式的床有没有更大点的？"

这时，丈夫说道："我觉得这张床挺好的，和咱家卧室的风格很搭。"妻子觉得不满意，反驳说："亲爱的，咱家的卧室比较大，如果床太小的话会显得房间很空荡，所以不能买太小的床。"

姚娜在一旁看出了妻子在这件事上似乎更有决策权，于是，她对妻子说："您可以看看这个，这张床的尺寸是1.8米×2.1米的，比较适合大一点的卧室。"

妻子想了想，说："嗯，这个看起来不错，对于我们的卧室来说应该很适合。亲爱的，你觉得怎么样？"丈夫说："我都听你的。"姚娜将这一切都看在眼里，于是笑着说："先生，您真有福气，娶了这样一位既贤惠又精明能干的太太，相信您的家庭一定很幸福。"

妻子听到姚娜的夸赞后，脸上露出了笑容，看着丈夫说："那我们就买这张吧，可以吗？"丈夫伸出手抚摸着妻子的头，说："只要是你选的都好。"

从这对夫妻的言谈举止中，姚娜敏锐地发现妻子是一个很有主见的人，丈夫大都顺从她。在选择床的尺寸时妻子总是率先发表自己的意见，看得出她对家里的情况很了解，所以她的选择会更适合家庭使用。姚娜由此判断出妻子是具有决策权的关键人物，于是将说服的重点放在了妻子身上。最后，姚娜不仅说服他们买下了一张大床，还迎合女主人的品味，让她买下了两件四件套。

姚娜从客户之间的谈话中判断出占主导地位及具有发言权的关键人

物，从而进行推荐、说服，最终成功地完成了销售活动。

那么，销售员如何从客户的言谈中找到拍板人呢？可以从以下几点入手。

从谈话中判断谁是拍板人

身为销售员，在销售工作中，你面对的可能往往不是一个人。那么，如何从一群人中找到拍板人呢？可以从客户之间的谈话中来判断。

某服装店里来了一对老夫妇，老太太看中了一条丝巾，于是对他的丈夫说："你看我戴着怎么样？"丈夫看了看说："我觉得挺好的，跟你很配。"老太太觉得不满意，说："我觉得颜色有点土气，不好搭配衣服。"这时，一旁的小刘看出了老太太是一个很有主见的人，于是，她拿了一条浅灰色的丝巾递给老太太，说："您看看这条，这种颜色是百搭色，而且摸着很舒服。"老太太试戴了一下，感觉还不错。于是问丈夫："好看吗？"丈夫微笑地点了点头。老太太说："好吧，就这条吧，帮我装起来。"

案例中的销售员通过客户间的谈话发现老太太是一个很有主见的人，于是将说服的重点放在老太太身上，最终拿下交易。

一般来说，具有决策权的一方其观点相对较明确，对要选购的产品有着积极的态度。通常，他们会率先发表自己的意见，提出要求，并与销售员进行磋商；而另一方则多是顺从、附和，不发表反对意见。当然，有的情况是一方做主，有的则是双方共同商议，销售员要另行对待。

从客户的各种表现判断谁是拍板人

销售员除了可以从客户之间的谈话中判断谁是拍板人，还可以从客户的各种表现中判断谁是真正的拍板人。

有位名叫肖强的电热毯销售员为了一笔大订单多次去一位客户家里拜访，有时候会谈到很晚。刚开始，他在离开客户书房时总是会遇到一位老太太，但是因为行色匆匆没有太在意。最后一次，他们谈到很晚。当从客户书房出来时，忽然听到这位老太太用低沉的语气说："说实话，我不同意购买他的产品。因为他每次来都没把我放在眼里，看到我连招呼都不打。既然他这么做，为什么我一定要买他的产品。"

肖强听到这样的话感到很吃惊，原来这位老太太才是真正的购买决策者。肖强很后悔，自己浪费了这么多时间，最后还得罪了真正的买主，真是得不偿失。为了挽回这笔订单，肖强决定送老太太一个电热毯。在与客户的谈话中得知，还有15天就是老太太的生日，于是，肖强特意在电热毯上绣上"福如东海，寿比南山"八个大字。

老太太很高兴地接受了他的产品，这场推销的结果可以说是皆大欢喜。

由此可见，销售员要善于从客户的各种表现中判断谁才是具有决策权的关键人物，这样才能找对人，办好事。

从客户家的布置格调判断谁是拍板人

身为销售员，到客户家里去推销产品是常有的事。这时候，你可以通过客户家里的布置格调、挂历、鞋架等判断谁是"当家人"。

譬如，如果对方的家中整洁干净，各种装饰品透露出来的女性味道相对比较浓重，色调较鲜艳，鞋架上的鞋子不仅干净，而且摆放得很整齐，墙上的挂历日期很准确，这时，你可以肯定地判断出女主人是最有发言权的人。

反之，如果对方家中的装饰品透露出的刚性成分较多，则这个家庭是以男主人为中心，通常男主人握有最终决策权。但是，不管是谁当家，都需要销售员善于观察，从客户的言谈中找出真正的决策者，以便投其所好，促成交易。

全面提升你和决策者会面的能力

在现实生活中，每个人扮演的角色以及所担负的责任都不一样，每个人都会按照自身的方式做出决定，并且他们都有自己的理由。作为一名销售员，在与客户进行交谈时，要通过各种方式找准决策者，然后再有针对性地进行推销。

为了更好地在销售过程中对这些决策者进行引导，销售员可以从以下几点入手，帮助你提升与决策者会面的能力。

认真审视自己和不同个性、不同类型的人的交流方式

马斯顿博士的研究把人分为四大类，这是基于"个性类型"进行特定区分的。这4种典型的类型具体如下（图7-7）。

强人领导型　　诱惑影响型

稳定相交型　　深思熟虑型

图7-7　4种典型的个性类型

强人领导型

特征：这种类型的人往往带有很强的进攻性，喜欢参与竞争。他们的行为方式很直接，是以结果为导向的，这类人愿意接受新思想，因为这可以帮助他们赢得机会。通常，他们不会过分纠结细节，做出决定的时间很短。

诱惑影响型

特征：这种类型的人通常性格外向，喜欢与人交谈，一般都是值得信任、乐观的人。这类型的人通常会受到他人的认可和自身地位的驱使，喜欢新产品与新思想，在决策时非常果断并具有冲动性，他们往往不会考虑达成交易会给自身带来什么样的弊端。

稳定相交型

特征：这种类型的人性情随和，他们很容易与他人相处，比较有趣。这类人是非常忠诚的，但是也是一把双刃剑。因为他们忠诚，对于销售员来说是非常好的客户。但是也是很难缠的客户，因为他们忠于已有的业务关系。他们购买的步伐是缓慢的，相对于强人领导型和诱惑影响型的客户，他们更具有方法和条理。

深思熟虑型

特征：这类人通常被称为"分析型的专家"，通常会以清高的形象示人。他们喜欢阅读数据，喜欢按照数据去做出决定。这种类型的客户擅长批判性思维，在与销售员交谈的过程中往往会提出很多尖锐的问题。

在销售过程中，你在与稳定相交型客户相处得很融洽时，是否忘记了提出问题去了解对方的问题？是否错误地把他们的热情认为是对你的产品感兴趣呢？你在与深思熟虑型客户交谈时，是否准备好了各种数据和答案，从而符合对方的标准呢？强人领导型的客户是否会让你神经紧张，让你不自觉地朝着销售产品的道路前进，从而忘记要进行咨询式的会面和聆听呢？诱惑影响型的客户是否会把你的销售会谈变味，变成一场社交会面呢？

身为销售员，在销售产品的过程中，要学会聆听，寻找线索，判断你是在与哪种个性类型的人交谈，然后有针对性地调整销售策略。

通常，诱惑影响型客户喜欢在交谈的过程中占据说话的主动权；强人领导型客户喜欢使用"下个阶段""最后"等词语；稳定相交型客户会在自己的办公室悬挂团队或者家人的合照，在交谈时始终会表现得非常冷静、放松；深思熟虑型客户看上去可能会有些冷漠，但是他们的办公桌一般都很整洁。

作为一名销售员，要分析每一次销售失败的原因，思考怎样做才能够更好地和这些客户沟通。要学会阅读你的客户，然后根据客户的情况调整你的行事风格和方式。如果你能做到这些，那么你肯定可以向任何客户推销你的产品。

和自己进行一场实话实说的对话

你无法与决策者安排会面的原因是什么呢？是因为你的自我对话牢牢地控制着你，让你觉得对方是一个很强硬的买家，让你觉得自己没有任何有价值的东西能够和他们分享，担心自己缺乏能力去将事情做好。

身为销售员，你要和自己进行一场实话实说的对话。譬如，你是否敢于提出自己需要的东西，还是只是被动地接受所得到的东西呢？自己的专业知识是否过硬？提出一个高效的推荐方案，自己需要哪些东西？等等。

询问自己是否擅长做出决定

身为销售员，如果你不太擅长做出决定，那么，你在询问客户且做出决定时又能有多高的效率呢？不管是在专业生活还是个人生活上，在做出决定时总是优柔寡断的销售员，必然也会导致你的客户优柔寡断。

我们可以发现，优秀销售员的身上都有一个特点，就是他们往往不会花太多的时间去担心如果自己做出了错误的决定，会出现怎样的后果等问题。他们知道，即便做出了错误的决定，也可以给他们带来积极的结果，因为他们会从中吸取教训。而这个教训带给他们的全新认知可以帮助他们更好地把握好下一个机会。

作为一名销售员，如果你希望缩短销售周期，增加销售额，那么，你就要擅长与决策者约好会面的时间，事先做好计划和分析。学会如何打动决策者，因人而异地调整你的销售策略。这样，你才能够在各种类型客户面前做到游刃有余。

永远不要忽视客户身边的小人物

销售员在推销的过程中往往容易犯一种错误，通常只看到站在最前面的客户，而忽略了客户身边的"小人物"。其实，找到决策者固然很关键，但是其他人物的作用也不能忽视。抓"大"放"小"很有可能会导致销售活动功亏一篑，只有"大小通吃"方可稳操胜券。

拿下订单的秘诀之一就是在错综复杂的客户组织中找到决策者，但是，如果仅仅紧盯着决策者也有可能会让煮熟的鸭子飞了。因此，身为销售员，要想顺利搞定拍板人，拿下订单，就永远不要忽视客户身边的小人物。

甲、乙两家公司都对某市一个跨省工程中的某个项目志在必得。客户方的人员很复杂，包括总经理、工程师、设计负责人、现场负责人、业主、技术选型人、承包方，等等。

其实，在两年前的工程立项与初步设计阶段，甲公司的销售部门与技

第七章
善于发现：顺利搞定对方能拍板的人

术部门就和该项目的设计单位进行了共同研究。由于前期和设计部门配合默契，甲公司给此项目的负责人留下了深刻印象。当然，两年来，甲公司的竞争对手乙公司也没有闲着，只是其主攻的对象有所不同。乙公司走上层路线，据说和该项目的业主层有很深的关系。

这个项目的负责人为了保证招标的公正性，规定所有参加招、投标的公司必须首先参加产品的测试，以达到总承包设计的技术指标。测试的结果是甲公司大获全胜。其实，各个公司的产品优势与特点各不相同，关键是怎样影响客户的决定，给竞争对手的进入制造壁垒。

甲公司销售团队上下十分振奋，以为这个项目唾手可得了。然而，就在甲公司要和承包方签订购货安装合同的前一天，一个意外情况发生了。该市质量监测站对甲公司给出的方案提出了不一样的看法，他们担心该方案有不当之处，并把他们的担忧反映给了业主。虽然甲公司的技术部门一再解释，甲公司提供的方案最终还是被否决了。煮熟的鸭子就这样飞了，甲公司销售团队十分沮丧。

上述案例中的甲公司就吃了没有重视身边人的亏。毫无疑义，甲公司的销售团队虽然找对了人，但是他们没有处理好客户中其他人的关系，最终导致到手的订单飞走了。如果甲公司的销售团队除了紧盯关键人物外，多多关心其他人物的存在，提早做好工作，其结果可能就不是这样了。

虽然这些看似和你不相关的人，他们或许在做自己手上的事情，或许在旁边听你们谈话。身为销售员，是否只专注着你的客户，而忽视了这些人呢？也许，就是这些你认为不相干的人，在你离开或者在场时，在一旁说了几句对你不利的话，你的订单就泡汤了。因为他们对你的客户的影响力在某种程度上来讲，要比你大得多。

寻找客户身边最有影响力的人

在古代，办案都是由衙门里的"大人"审理。可是，在审理的过程中，通常给"大人"出谋划策的是他们身边的师爷。同样的，身为销售员，在推销产品时不仅要找到拍板人，还要寻找拍板人身边最有影响力的人。通常，这个人的意见很关键，往往能够左右拍板人的购买决定。

杨洁是一家化妆品店的导购员，一天，店里来了三个女孩。她们在店里转了一圈后，女孩A看中了一套化妆品，于是问另外两个女孩："你们觉得这款化妆品怎么样？"这时，女孩C走过来看了看，然后摇了摇头说："这款我之前用过，补水效果不是很好。"听完C的话后，女孩A放下了手中的化妆品。这时，杨洁发现，有购买需求的是A，但是女孩C的意见对于女孩A来说影响很大。

于是，杨洁对女孩C说："美女，一看您就是行家，对化妆品有一定的研究。的确，这款化妆品的补水效果一般。如果您想要补水效果好的化妆品，我推荐您使用这款。这是我们店里新推出的，很多客户用过都说补水效果很好，您可以试一下效果。"说着，拿出一瓶试用品在女孩C的手上滴了一滴，抹匀，问道："您感觉如何？"女孩C说："凉凉的，感觉还不错。"这时，女孩C转头对女孩A说："你可以试试这款，感觉还可以。"女孩A听取了女孩C的意见，购买了该产品。

在这个案例中，杨洁之所以能够推销成功，是因为她善于察言观色，通过客户身边最有影响力的人，搞定了拍板人。

搞定客户身边的人，让他帮你说话

在销售工作中，你面对的可能是一群人。如果你能搞定客户身边的人，让他们帮你说话，那就是内外结合的进攻，成功的概率就会大大提

第七章
善于发现：顺利搞定对方能拍板的人

高。就算他们不能帮你说话，但至少不会说你的坏话。那么，销售工作就变成一群人对一个人，对你同样有很大的帮助。

有一位医药公司的销售员，他的客户中有一家小药店的店主。每次，他去这家药店时，总会跟柜台的营业员寒暄几句，然后去见店主。

有一天，他又来到这家药店，店主告诉他今后不用再来了，因为他不想再购买他们公司的产品。这个销售员只好离开了，他开着车在镇上转了很久，最终决定再回到店里，问清楚客户不买的原因。

走进店时，他照例与柜台的营业员打招呼，然后去见店主。店主见到他很高兴，说愿意继续在他们公司购买产品。销售员非常惊讶，他不明白自己离开药店之后发生了什么。这时，店长指着柜台的营业员说："在你离开后，柜台的营业员过来告诉我，说你是来我们店里推销产品时唯一一个同他打招呼的销售员。他告诉我，如果有人值得做生意的话，那个人应该就是你。"从此，这个店主成了这个销售员的忠实客户。

由此可见，身为销售员，永远不要忽视客户身边的小人物，他们的意见往往是至关重要的，有时候甚至能够起到决定性作用。

第八章

巧逼单：让客户果断决定购买

　　逼单是整个销售业务过程中最重要的一环，身为销售员，如果逼单失败，那么你的整个业务就会失败。其实，销售过程就是一个"逼"的过程。因此，销售员要掌握逼单技巧，不要慢条斯理、或是操之过急，应张弛有度、步步为营，同时也要晓之以理，动之以情。本章节为大家总结了几种销售逼单的技巧，希望可以帮助到大家。

事前的准备是逼单成功的关键

很多人可能会为自己现在或者过去的失败找到无数个理由，但是，一切失败的最终根源其实只有四个字：准备不足。《礼记·中庸》中有言："凡事预则立，不预则废。言前定则不跲，事前定则不困，行前定则不疚，道前定则不穷。"产品推销、商业洽谈也不例外，事前的准备和计划十分重要。

胡凯是一家综合性服务企业的销售员，有一次，公司策划了一个广告演出活动，他被授命推销公司的活动计划。

当地的工商企业很多，应该从哪家开始呢？胡凯想，参加这次活动的公司必须具备两个条件：一是重视广告宣传；二是效益好，能有广告资金投入。综合各方面的考量，一家制药企业——广州白云山制药厂在当地的分厂进入了他的视野。通过对它进行了解后，胡凯决定上门推销。

该制药厂的厂长是一位年龄与胡凯差不多、很精明的医学硕士。因年纪相仿，经历相似，可以交谈的话题自然就多了。一见面，胡凯就决定先不谈正事，自我介绍后，胡凯即代表公司感谢白云山总厂对当地人民的支持，并和他聊起了工作、生活，待气氛缓和后，胡凯拿出一本杂志递给了厂长，并翻出事先准备好的文章请厂长指教。

推销为什么要带上一本杂志呢？因为这本杂志里刊登了一篇胡凯的文章，文章中引用了广州白云山制药总厂开展赞助活动的实例，这让胡凯间接地与白云山长有了联系。果然，杂志起到了作用，该厂长看到白云山厂实例后马上有了兴趣，将全文认认真真地看了一遍。待厂长看完后，胡凯乘机将自己的计划说出。或许是文章宣传的效益，该厂长对这次活动表现

第八章
巧逼单：让客户果断决定购买

出了浓厚的兴趣，在询问了一些问题后便欣然应允，答应投入广告费两万元买下本次活动的冠名权，并很快签署了协议书，将广告费如期汇到胡凯的公司账户上。

从上述案例中可以看出，事前的准备是非常有必要的，它能够让自己处于有利处境，保证谈判顺利进行。不打无准备的仗，同样，身为销售员不做无准备的推销。那么，销售员在销售开始前，都需要做哪些准备工作呢？本小节为大家总结了几点。

第一，了解客户的生活习惯和商业习惯。

这一点对于销售员来说十分重要，因为不同经历的人会形成不同的生活习惯与商业习惯。因此，身为销售员，如果不能提前对客户的生活习惯与商业习惯进行了解，就会导致双方在交谈时对某种行为的认知不同，从而阻碍推销的顺利进行。那么，销售员如何了解客户的生活习惯呢？可以通过他身边的亲人、同事、朋友，还可以观察他平时的衣着、言谈、举止等进行了解。

第二，了解客户的性格、喜好和特点。

身为销售员，切记不要用千篇一律的眼光去看待客户，更不能用一成不变的方式去对待客户。因此，销售员在推销自己的产品之前一定要先了解客户的性格、喜好和特点，方便在交谈的时候根据其特点对症下药。

一位推销员与一家公司的项目负责人进行商业洽谈。该推销员事先了解到对方是江西人，40岁，性格比较内向，喜欢集邮。于是，该推销员就将对方约在一家很安静的江西餐馆用餐，还事先准备了一套最新发行的邮集送给客户。对方看后很高兴，谈判进行得很顺利。

由此可见，事前了解客户的性格、喜好和特点，可以帮助销售员找到应对方式，对症下药，从而使买卖行为顺利进行。

第三，提前准备必要的东西。

销售是一个不确定的事情，你无法事先知道在这个过程中会发生什么突发事情。因此，销售员要事先准备一些必要的东西，譬如记录本、录音笔、记录笔等，以备不时之需。身为销售员，当你在记录别人言语时，其实就是自己冷静思考的过程，能够方便自己理清思路。

第四，明确谈判的最终目的，制订谈判目标。

准备工作的重要部分就是设定你的让步限度。销售员在推销产品时经常遇到的问题就是价格问题，这也是谈判双方发生冲突的焦点问题。因此，销售员在与客户谈判前，一定要确定一个底线。这个底线的设定须有一定的科学性、合理性，且要建立在不脱离实际情况、充分调查研究的基础上。

第五，报价要合理，要切合实际

报价是销售过程中最关键的一环，作为销售方，报价必须在你能够接受的最低价与你认为对方能够接受的最高价之间，价格务必要切合实际、合情合理，这样才能够促使对方做出响应。一个有利于对方的报价，但如果失去了利润的空间就不是最合适的；一个有利于自己的报价如果使对方对你产生了不信任，那它也不是最适合的；它们都会阻碍谈判的进度。因此，在谈判之前一定要确定好价格，合情合理。

第六，制订具体策略和相应战术。

每一次的推销都有其特点可寻，并且有其特定的策略与相应的战术。

因此，销售员在进行推销前要事先制订好具体的策略和相应的战术，必要时可以做出一些让步，但是要事先核算好成本，确定好何时让步和怎样让步。

第七，设计谈判方案和具体谈判计划。

在谈判前，身为销售员，要尽可能地充分了解双方的实力、双方的实力对比情况、对方的目标意图以及双方退让的幅度。只有做好充分的准备工作，设计好谈判方案和具体的谈判计划，才能够在谈判时胸有成竹。

因此，销售员必须要事先搜集对方的信息资料，譬如对方的年龄、学历、爱好、个性、资历、价值观、工作习惯、生活习惯、职位、权限以及对方公司的经营状况，等等。销售员掌握对方的信息资料越多，就越容易驾驭谈判过程，越能够在谈判中审时度势、进退自如。

主动出击，寻找逼单的机会

大多数人认为，销售是一种被动行为，只有客户想买才可以。我们可以这样理解，如果销售是被动行为，那么，逼单就是主动行为。

主动出击是销售中很重要的一种方法。身为销售员，不要认为客户还没同意购买就逼单不合适。如果都需要客户自己做决定，那么，销售员就没有了存在的价值。销售的一项重要工作就是让看起来没希望的生意变成一桩成功的交易。

一位男士走进了一家雅戈尔西装专卖店，先后走过来两位导购员问男士需要什么款式的西装，男士都回答："看看。"

张凡是这家西装专卖店的店长，看到两名店员都对这位男士无可奈何，于是走过去问："先生，您是正式场合穿还是休闲场合穿？"张凡主动出击，让客户从他给出的两个选项中选择一个。男士没想买，却顺口回答："我觉得休闲场合的更好看些吧。"张凡接着问："如果是休闲场合穿的话，最好是蓝色，灰色也可以，您说呢？"

男士："我觉得蓝色会更好看些！"

张凡："我们这的蓝色系列有很多款，您是喜欢单排扣还是双排扣？我去给您拿一件成衣试试。"

男士此时回过神来说："我就随便看看，不用了。"

张凡微笑着说："没关系，您可以随便看。您是做什么行业的？"

男士："我是培训师。"

张凡："难怪您喜欢蓝色的西服，您特别有眼光，专业人士、权威人士最适合穿蓝色款式的西服。您看这套的尺码应该很适合您，您试试。"说着，将一款蓝色西服拿下来，引领男士进了试衣间。过一会儿，男士穿着西服出来，张凡说："先生，这件西服的款式、颜色很符合您的气质，真的太适合您了！"男士看着镜子中的自己，问："真的吗？"

张凡："当然了。这套西装是5800元，现在我们店正值打折酬宾，打完折是4350元，您在这里签下字就可以了。"男士有些犹豫，说："能再便宜点吗？有些贵。"

张凡："那这样的，我的最大权限就是给您把零头抹掉，4000元整吧，您在这签字。"男士虽然还是有些犹豫，但还是最终签字了。

从案例中可以看出，张凡采用的就是主动出击的策略，她通过不断地对客户进行提问，从提问中寻找客户的突破口。只要客户能够回答一句，她就能跟上去。该客户在不知不觉中掉进了没有自主权的陷阱。在客户没有决定是否购买时，张凡就已经让他签单了。

整个过程中，该客户都被张凡牵着鼻子走，毫无还手之力。这就是主动出击的效果，张凡从接触该客户开始就一直将主动权握在自己手里。如果一开始张凡将主动权交给客户，而自己只是被动地介绍，那么，这位客户是绝对不会买下西装的，但因为张凡掌握了主动权，最终才能够逼单成功。

假定订单已成功，用已成功的思维去和客户交谈

优秀的销售员从不会在客户准备付款时才认为这笔订单已经成功了，他们会在刚和客户接触时就假定这笔订单已经成功了，并能够用已经成功的思维去和客户交谈。譬如，"您选好了吗！请您在这里签字，第二件将按五折""刘女士，很高兴与您合作，下次我将向公司为您申请一些福利。"

众所周知，有些客户不喜欢将自己的真实想法告诉销售员，而销售员只有知道了客户的真实想法，才能够对症下药，解决客户的异议，进而完成交易。

优秀的销售员不会在客户准备签单的时候，而是在与客户交谈的过程中，甚至在与客户接触不久时，就在客户的心里打下交易即将成功的烙印。在一次次与客户交谈、接触的过程中，不停地用假定成交的语言和客户交谈，这样客户难免会不由自主地跟随着销售员的思维，心中假定自己将要购买对方产品。

用一些专业的逼单语言，让客户在不知不觉中签单

同样的一个销售事件，运用了逼单用语与没有运用逼单用语其结果是完全不同的。譬如，"先生，您今天能确定吗？"对方可以回答"不能确定"，也可以回答"能确定"，还可以回答"再想想"。总而言之，不管对方如何作答，其主动权都在对方的手中。

但是，销售员如果这样说："先生，请把您的名字签在这里。"这样不

给对方说话、思考的机会，而留给对方的行为就只有签字。

由此可见，销售员在进行主动逼单时，必须要运用一些专业的逼单语言，让客户在不知不觉中签单。在这为大家列举了一些正确与不正确的逼单用语（图8-1）。

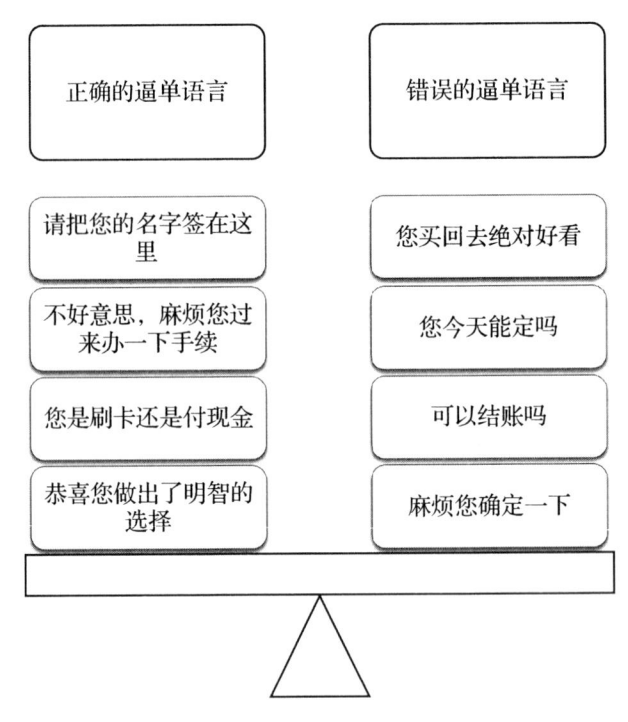

```
┌─────────────────┐         ┌─────────────────┐
│   正确的逼单语言  │         │   错误的逼单语言  │
└─────────────────┘         └─────────────────┘

┌─────────────────┐         ┌─────────────────┐
│ 请把您的名字签在这│         │  您买回去绝对好看 │
│       里         │         │                 │
└─────────────────┘         └─────────────────┘

┌─────────────────┐         ┌─────────────────┐
│ 不好意思，麻烦您过│         │   您今天能定吗   │
│   来办一下手续   │         │                 │
└─────────────────┘         └─────────────────┘

┌─────────────────┐         ┌─────────────────┐
│ 您是刷卡还是付现金│         │    可以结账吗    │
└─────────────────┘         └─────────────────┘

┌─────────────────┐         ┌─────────────────┐
│ 恭喜您做出了明智的│         │   麻烦您确定一下  │
│      选择        │         │                 │
└─────────────────┘         └─────────────────┘
```

图8-1　正确与错误的逼单用语

同样是主动逼单，其效果会截然不同。因此，销售员在主动逼单时一定要运用正确的逼单语言，让客户在不知不觉中愉快地签单。

要求，要求，再要求

在销售的过程中，即便销售员运用了正确的逼单术语，还是不能够确保客户能够立即买单。一般情况下，最常见的有两种：第一，客户说出自己的真实想法，如"我要和×××商量一下""我还是觉得有点贵""我还要再看看其他的",等等;第二,为自己寻找离开的借口。

销售员在遇到这种情况时千万不要放弃,成交其实很简单,记住一点:要求,要求,再要求。要求是主动逼单成功的关键,销售员在每一次销售的最后,都必须要求客户成交,一次不行就两次。只要销售员坚持,总有一次能够成交。

不同性格的人,逼单方式不同

在销售的过程中,当销售员向客户介绍、推销产品时,客户通常会有三种表现:毫不留情地断然拒绝;没什么倾向性的反应;表示出一定的兴趣。这三种反映是由客户的性格所致。

经常会听到销售员这样说:"买到好产品的都是那些爽气的客户。"所谓的"爽气",其实就是一种性格的表现,而性格正是决定行为习惯的关键因素。因此,作为销售员,不能只是根据客户的表面反馈来应对,而是要深挖客户的内在性格,找到客户的性格弱点,针对不同性格的客户,采取不同的逼单方式。

下面,我们为大家总结了几种不同性格的客户(图8-2),帮助销售员在与客户沟通交流时,能够更好地了解客户,从而把握主动权。

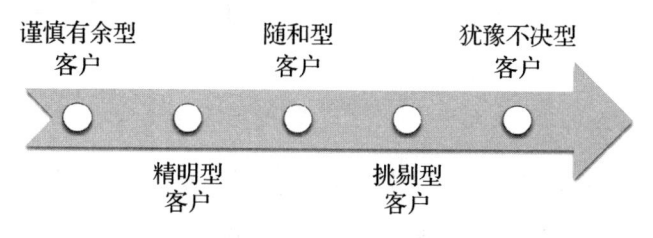

图8-2 几种不同性格的客户

接下来，为大家具体分析一下面对这几种不同类型的客户时如何进行逼单更有效。

谨慎有余型客户

在生活中，我们经常会看到一些人，他们无论是对事还是对人，都十分谨慎。这种类型的人往往重观察胜过参与，凡事喜欢认真琢磨、分析，通常情况下喜欢看和听，不会轻易相信任何一个人。

这类型客户的共同点是喜欢将自己的过去经历与人生经验看成是做决定的重要依据。在没有经验积累前，他们对新事物往往处于观察状态，他们忠于自己的亲身感受、亲眼所见。因此，销售员在推销产品时，要让他意识到产品的实用性。

那么，具体该怎样做呢？销售员可以为这类型客户提供大量的产品资料或者让他们切身感受产品，让他们自己说服自己。销售员在说服这类型客户时，要掌握语言和策略，配合谨慎型客户的步调，主要包括语调和语速同步、思考方式同步、情绪同步以及共识同步。譬如，销售员在推销产品时可以这样说："您是否已经清楚地了解了我向您推荐的这款产品的特征呢？我是第一次给您推销这款产品，我怕自己没有说清楚。"

这句话达到了与客户共识、思考以及情绪同步的目的，让客户感受到销售员不是为了推销产品而和自己沟通，而是为了充分尊重自己的想法。这样一来，客户从内心就不会对销售员产生排斥，从而使沟通更加顺利。

精明型客户

每个人都会为了生活得更好而拼命打拼，精明的人常常会以利益为重，没有利益的事他们往往不会去做。他们喜欢利益却不会将利益这个词挂在嘴边，毕竟谁都不想得到唯利是图的称谓。

通常，精明型客户希望谈判的对方能够替自己提出利益，最好是能够替自己想到利益，能够为自己争取利益。如果对方没有想到或者是不想提，那么，他们会想方设法地去暗示对方，为自己争取最大的利益。

那么，聪明的销售员会怎么做呢？通常，他们会让精明型客户得到更实在、更多地利益，从而拴住客户。既然客户是一个很在意利益的人，那就不要让客户干着急，要主动提出来，帮助对方想到他没想到的利益，那样你将会得到他的认可。对于精明型客户来说，他们最在意的是眼下的利益，哪怕很微小，却是实实在在的。所以作为销售员，在和精明型客户交谈时，要让对方拿到切切实实的短期利益。当他们拿到了自己想要的，自然就会愿意与你合作，签单也就不是难事。

随和型客户

随和型客户的最大特点就是他们懂得尊重、理解别人，会处处为别人着想，这类客户通常是最受销售员欢迎的客户。那么，对待这样的人，销售员就必须要回馈以尊重和理解，用真诚去打动他们。那么，销售员如何表达真诚呢（图8-3）？

- 对客户说实话
- 表达自己的真心
- 要有足够的耐心

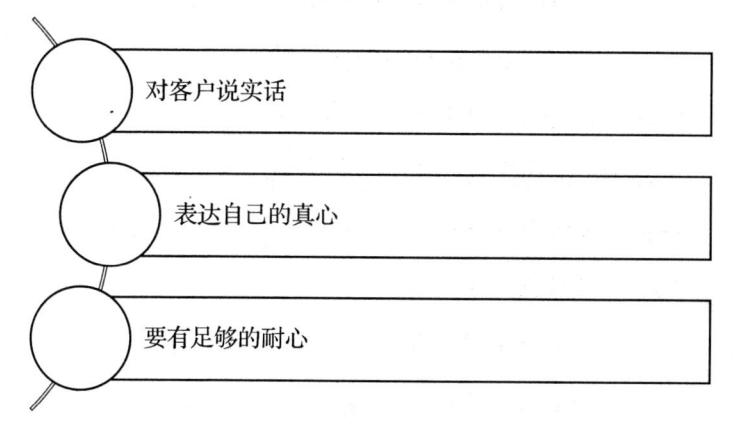

图8-3 销售员表达真诚的三个方法

首先，对客户说实话。销售员在接待这样的客户时，无需对产品进行扬长避短。这类客户微笑、谦和的外表的背后通常都藏着锐利的眼神，如果他们发现你所说的不是实话，那么，你们之间的合作机会就会彻底没有了。

其次，表达自己的真心。每个销售员都希望客户能够签下订单，当你与客户聊得很投机，客户也有意向要签单，但还是有些顾虑时，你不妨可以这样说："不想失去和您合作的机会"、"真心希望能够与您合作"、"虽然我们的产品还有些不足之处，但我们一定会逐步完善"……随和型客户往往心地善良，他们很看重别人的真诚。如果你真心诚意地对待他们，他们是很愿意与你合作的。

最后，要有足够的耐心。随和型客户一旦犹豫起来是很让人头疼的，他们的犹豫不决并非是他们真的想拒绝，而是下决心购买的理由不充分。这个时候，销售员要耐心地询问客户的顾虑，并设法帮他们解决。

挑剔型客户

很多的客户在购买产品时很挑剔，通常他们会在细节上要求比较苛刻，在细微处与销售员较真。挑剔在一定程度上反映了客户追求安全、完美的心理需求，如果销售员不能够理解客户的这种心理，认为客户并没有购买的诚心，是在为难自己，于是不给客户好脸色，甚至与客户发生争吵，这样不仅会伤害到客户，还会使销售工作受挫。

一位千万富翁在一家五星级酒店宴请朋友，大家有说有笑很开心。服务员端上压轴菜鱼翅羹，并给每人分了一份。大家对这道菜的味道并没有提出异议。但是富翁只吃了一口，就不满地对服务员说："我吃过很多次鱼翅，你们酒店的又硬又没口感，是我吃过的最难吃的食物，你们的厨师是怎么做的？"

服务员见状大气不敢出，赶紧点头道歉，跑出去找经理。经理面带微笑地走来，故意放大声量说："您真不愧是行家呀，今天的鱼翅确实是差了点火候，您一口就能够尝出来，真不愧为美食家。"富翁在听到夸赞后，态度缓和了许多。经理继续说："很抱歉没能让您满意，您看是取消还是重新给您换一份？如果取消的话，损失由我们来承担。"

富翁心里很得意，也不想再为难他们，于是说："以后要注意质量，这次就算了。"经理见富翁不再计较，说："您真有度量，为表歉意，这顿饭我给您打八折，为了保证质量，我让这位厨师来向您道歉。"富翁摆了摆手说："我也不是为了省这点钱，这位厨师也不容易，就不要为这么点小事为难他了，以后多注意就是了。"

从上述案例中可以看出，富翁就是想在朋友面前炫耀自己，并没有真正想要为难酒店。经理看透了客户的心理，先将客户夸赞一番，然后将全部责任归于酒店，给足客户面子。经理的做法使客户得到了超出自己预期的满足，于是选择不再计较。

因此，销售员在面对挑剔类型的客户时，首先要找到客户挑剔的真实原因，然后尽可能地顺从客户，对症下药，给他心理上的满足。譬如，客户想追求物美价廉，那么销售员就可以给客户推荐一些实惠、优质的产品；如果客户是追求档次、品味，那么就可以推荐一些时尚、高品质的产品，等等。有时候，客户挑剔是想讨价还价，这时销售员应该坦诚、自信地对待客户，让客户尽情挑选，还可以让客户去和别的产品进行对比，这样能使客户更加放心。

犹豫不决型客户

犹豫不决型客户说话做事总是拖拖拉拉、犹犹豫豫，将"三思而后行"奉为经典。但是，这类型的客户往往只是"思"而不"行"。心理学家称这类型客户为"他人判定型",意思是这类型客户的思考结果会随着周围因素的影响而改变,所以才会犹豫不决,拿不定主意。在他们看来,拿主意是一件很痛苦的事,因此,他们希望有人能够帮助自己拿主意。基于此,销售员要想说服这类型客户的核心方法就是为他们提供建议,帮助他们做出决定,具体的方法有以下几种(图8-4)。

方法:
- 制造紧迫感
- 扮演引导者角色
- 进行产品演示
- 借他人之口来表述自己的想法
- 向第三者介绍产品,声东击西

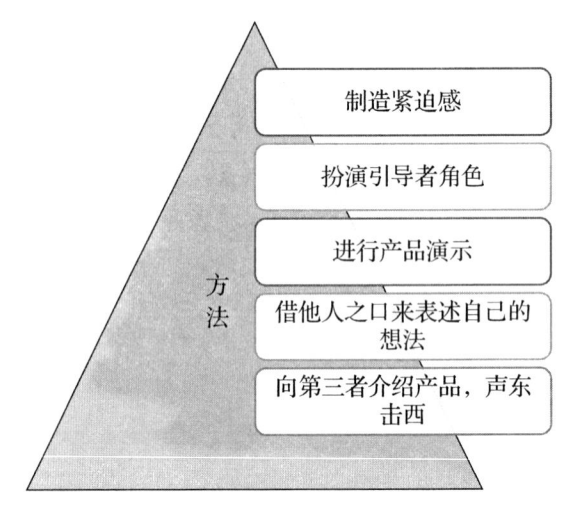

图8-4 说服犹豫不决型客户的几种方法

- 制造紧迫感

人们通常对于稀奇、量少的东西会很珍惜,对于犹豫不决型的客户来说,他们最害怕失去机会。那么,销售员就可以制造紧迫感,让客户当即做出决定。譬如,"这款产品是最后一批货了,以后不会再生产了,我是真心诚意地想要帮您。但是如果您今天错过了这个机会,我就是想帮也帮不上了。"在这样的紧急压迫下,再犹豫的人也会立即做出决定,谁都不想给自己留下遗憾。

- 扮演引导者角色

既然客户没法下定决心,那么,销售员就需承担起这份责任,扮演客户购买产品的引导者,通过不断地引导让客户做出购买的决定。譬如,"张女士,我来帮您分析您为什么要拥有这款产品?第一,这款产品是您真正所需要的;第二,这款产品能够帮助到您;第三,这款产品不是每一个人都可以拥有的……"类似这样的话都是劝说犹豫不决型客户的话语,销售员提出很详细的建议,剩下的客户只需点头就可以了,这时客户会觉得是自己做出的决定,会很有成就感。

- 进行产品演示

如果销售员在向客户介绍了好几遍产品后还没成交,可以将产品的具体功能为客户演示一遍。在演示的过程中,能够让客户对产品有更确切的认知,让客户静下心来决定是否购买。销售员在给客户演示的过程中,首先要放慢速度,让客户看清楚;其次,与客户进行交流,及时地告诉客户产品的优势或者和其他产品的不同之处;演示完后要先将产品放回原处,切记不要立即询问客户的感受。

- 借他人之口来表述自己的想法

犹豫不决型客户通常会很在意别人的看法、选择,销售员要掌握这个规律,给客户送上第三者的选择以进一步影响客户。譬如,"在此之前,很多客户都十分满意我们这款产品。您认识的×××,他也买了,他特意让我将这款产品推荐给您呢。"

- 向第三者介绍产品,声东击西

当客户犹豫不决时,销售员可以采用向其他客户再详细介绍一次产品的方法,那么,站在旁边犹豫不决的客户就会跟着再听一遍,能够加深他对产品的印象,同时也是一个促进他下决心的好方法。

巧言激将，迫使客户说话算数

激将法就是利用他人的自尊心与逆反心理中积极的一面，以行为或者言语刺激的方式，激起对方不服输的情绪，令其主动去做一些自己原本不愿意去做的事。这种方法能够有效激起他人的奋斗欲望，将其潜能发挥出来，进而得到不同寻常的说服效果。

将激将法用于销售过程是一种很有效的逼单技巧，但是在使用时不能滥用，要看清楚环境、对象以及条件。与此同时还要掌握分寸，不能过缓也不能过急。过缓会使对方无动于衷，无法激起对方的自尊心；过急会导致欲速则不达的后果。

美国著名保险推销员弗兰克·贝特格就深知激将法的妙用。有一次，弗兰克·贝特格去拜访一家公司的老板，他如约见到了该公司的老总，老总却有些不耐烦："你已经是今天第四个找我推销保险的，估计你说的话和前面三位差不多，我很忙，你还是离开吧，我会考虑你们公司的。"

因为自己不幸地成为了第四个，该公司的老总已经听烦了，下了逐客令。弗兰克·贝特格只好说："实在不好意思打扰到您了，希望我们以后有合作机会。"弗兰克·贝特格说完正准备离开，可就在他出门的那一刹那，他的余光看到对方将自己的名片撕碎了丢进纸筒里，这一幕令他计上心头。

弗兰克·贝特格在门口站了一会儿后又返回轻轻敲门走进去，老总很生气地说："我不是让你走了吗？你怎么又回来了？你快走吧，我真的很忙，没空搭理你。"弗兰克·贝特格说："我之所以去而复返是因为我觉得，既然您的公司暂时不需要保险，那我可以拿回我的名片吗？""这……"

老总一时语塞,因为他已经将名片撕碎了,无法还给他。老总反应一下才说:"你的名片被我不小心弄上墨水了,还给你也没用了。"

"不过,我还是想要回我的名片,可以吗?"弗兰克·贝特格坚持说。老总无奈地问:"你的名片很贵吗?"弗兰克·贝特格说:"1美元一张,虽然不贵,但是我只希望能拿回它。"

老总没办法,只好说:"我现在没有名片可以还给你,那我照价赔偿吧!"说着,他从桌上的小罐子里拿出一张2美元纸币递给弗兰克·贝特格,并说:"不用找了,你走吧。"弗兰克·贝特格接过钱说:"那好吧,我也没有多余的零钱找给您,不如这样,我再卖给您一张名片吧。"说着,再次将名片递给老总。老总接过名片后并没有打算再将其扔掉,他从弗兰克·贝特格的行动中看到了自己欣赏的东西。随后,弗兰克·贝特格礼貌地离开了。

第二天,弗兰克·贝特格接到了这位老总打来的电话,他希望可以和弗兰克·贝特格好好谈谈关于保险的事。

弗兰克·贝特格用机智维护了自己的尊严,同时还为自己赢得了订单。事实上,弗兰克·贝特格在与老总交谈的过程中除了一开始的自我介绍与保险有关外,其他的都是围绕一张名片展开的。

但是,弗兰克·贝特格很巧妙地利用了老总的自傲性格,用激将法让"1美元"发挥了威力,而这个威力在一定程度上让老总彻底记住了弗兰克·贝特格。即使这次没能合作,但是只要是有关保险的事,老总第一时间就会想到弗兰克·贝特格,这是很好地与客户黏合的机会。

那么,身为销售员,如何利用激将法,让客户心甘情愿地买单呢?

掌握语言激将的几种用法,灵活使用激将法

常言说:"请将不如激将。"在销售的过程中,如果能够使用巧言激

将法，会收到意想不到的效果。因此，身为销售员，要掌握语言激将的用法，并灵活运用。在这里介绍几种激将法的用法（图8-5）。

图8-5 语言激将的三种用法

- 导激法

对于不同的激励对象，有时候简单的贬低、否定收效甚微，还需要"激中有导"的激励方法，用诱导性的、明确的语言将对方的热情激发出来。身为销售员，如果能够在言谈中使客户心服口服，必然能够促使订单成交。

以言谈俘虏对方靠的是日常经验的积累与聪明才智，主要方法有以下两个：

一个方法是笼络感情。当销售员提出的一些问题或者条件不利于客户，判断对方听完后会感到难受时，那么就要考虑去说动他的心。处理这一问题最好的办法就是笼络感情，在与之谈话前，尽量抢占对方的感情空间。譬如，在谈正题前可以这样说："可能您听了会不愉快……""当然，我知道这样么您会不满意，但我还是要说……"等等，这样在一定程度上能够消除对方的不悦。

另一种方法是强调其能力，换句话说，就是满足对方的自尊心。因为每个人都希望自己能够赢得他人的尊敬和信赖，即便明知是奉承的话也会乐于接受。越是自我感觉良好的人，越有这种倾向。

- 直激法

直激法，顾名思义，指的就是面对面、直截了当地去刺激对方，激怒他，从而激发他的自尊心。

- 暗激法

暗激法指的是明里褒扬第三者，暗中则贬低对方，利用人们争强好胜的心理，激发他超过别人、压倒别人的强烈愿望。

三国时期，诸葛亮为了抗曹来到了江东，他深知孙权轻易不服人、不甘心居于人下的脾性。于是他明知曹军有150万，但确定地对孙权说曹兵只有100万，所向披靡。孙权对曹军的人数感到怀疑，诸葛亮说："我之所以说100万，是因为怕吓坏你们江东人。"孙权中计，问："那我是应战还是不应战？"诸葛亮乘机说："如果东吴的物力、财力能够与曹军抗衡，那就战；如果不能，那就投降！"

孙权不服，说："依你所言，刘豫州为何不降呢？"诸葛亮早已料中会有此问，于是进一步激他说："刘豫州乃是皇室之后，众望所归，如百川入海，岂能够屈于他人旗下、屈膝投降呢？"孙权被诸葛亮激得勃然大怒，发誓一定要与曹军决一死战。

上述案例中的巧妙之处在于旁敲侧击，刺中了对方不甘落后别人的自尊心，促使他萌发出一种一定要超过第三者、以胜利者姿态昂然屹立的念头。

将客户的自尊心放大，让他觉得自己被尊重了

每个人都有自尊心，都希望得到他人的尊重。身为销售员，在与客户交谈的过程中，一定要照顾客户的自尊心，要让客户觉得自己被尊重了，成交也就轻松了。

在一家高档饰品店里，一对夫妻对一只钻戒很感兴趣，但是一直在价格方面犹豫不决。销售员见状，便对夫人说："×××也看中了这款钻戒，但因偏贵最终没有下定决心购买。夫人您真有眼光，也看中了这款钻戒，看得出您的丈夫一定很爱您，您真幸福！"夫人听完销售员的话，回头看了看丈夫，丈夫二话没说就掏钱买下了这款钻戒，还觉得非常得意。因为他给自己的妻子买下了别人舍不得买的钻戒，自己是多么成功，多么爱自己的妻子！

从案例中可以看出，这位销售员很聪明，她没有去强调戒指的高贵，而是将话题转移到夫人身上，利用别人来刺激夫人的自尊心，别人舍不得买我舍得，不买下来都对不起丈夫的爱和自己的眼光。

那么，销售员在与客户交谈时，如何将客户的自尊心放大呢？譬如，销售员可以说一些"您真有眼光""看得出来，您的家庭一定很幸福"等类似于这样的话，让客户觉得自己被尊重了。

激将法因人而异，使用激将法应注意的事项

没有任何一种方法是万能的，激将法也不例外。一般来说，对于脾气暴躁的人来说完全可以运用激将法，但是不能一概而论。激将法在关键时刻能够起到扭转战局、逢凶化吉的作用。那么，销售员在使用激将法时应注意什么呢？

首先，在使用激将法前一定要对对方的性格有一定的了解。对于那些成熟稳重、经验老到、城府很深、自卑感太重的人来说，激将法未必能发挥作用。因为如果稍有不慎，会使对方觉得你是在嘲笑、挖苦、讽刺他，极有可能导致他们产生怨恨心理。通常情况下，激将法比较适用于容易感情用事、谈判经验不太丰富的人身上。因此，销售员在使用激将法时一定要选好对象。

第八章
巧逼单：让客户果断决定购买

其次，在使用激将法时，言辞一定要有分寸，能够让对方接受。譬如，一些过于刻薄、锋芒太露、对人有侮辱性的语言切记不能够使用，很容易激起对方的反抗心理，从而导致无法收拾的后果。

总之，销售员在使用激将法时一定要清楚环境、对象以及条件，不能滥用。要根据不同的交谈对象，采用不同的激将方法，只有这样才能够收到满意的效果。

缩小选择范围，让客户早下决定

我们经常看到一些客户在买不买、买哪样、买多少之间犹豫不决、左右为难、摇摆不定，这种现象在心理学上被称为"选择恐惧症"——也称为选择困难症，它是不自信和逃避责任的心理，且无法获得心理上平衡的表现，通常，这类人在面对选择时不能够确定自己内心的真实需求，害怕承担抉择的后果，缺乏自立意识，导致对选择产生某种程度上的恐惧。

身为销售员，如果不能观察出客户的这种心理，只是一味地介绍自己的产品，就算说得口干舌燥，客户也很难做出决定。面对这种情况，帮助客户缩小其选择的范围，并引导客户在范围内选择适合自己的产品，是销售员在销售产品时应具备的基本素质。

小张是一名六福珠宝销售员。一天，一名40岁左右的女士来到柜台前，小张主动迎上去微笑地说："您好，欢迎光临六福珠宝，有什么可以帮助您的？"客户转了一圈说："这些能拿出来给我试戴一下吗？"

"好的。"于是，小张拿出了她要试戴的产品递给她。客户将这些产品都试了一遍后，说："这些哪个比较好？""这些都不错，都挺符合您的气质。"客户摇了摇头说："我觉得都不太合适。"于是继续挑选，这时小张有点不耐烦了，但还是微笑地询问她："美女，您试了这么多款，就没有自己喜欢的吗？"然而，这句话一出，客户立马脸红脖粗地说："你催什么催，有你这样做生意的吗？"说着，拿起东西就走了，留下小张一脸茫然。

很明显，这一结果的出现主要是因为小张没有观察出客户的心理，具体表现在"这些都不错，都挺符合您的气质""您试了这么多就没有自己喜欢的吗"等语言的使用上。

从案例中两者之间的对话可以发现，该客户是一位典型的选择困难户。当客户问出"这些哪个比较好"时是不知道该怎样选择，想询问销售员的意见。而这时小张的回答显然是最糟糕的，与其得到这样的回答客户还不如自己揣摩。

对于这一问题，最聪明的做法应该是为客户缩小选择范围，譬如，"这款、这款，还有这款，这三款的效果不错，您带上很显气质！"这样的回答不给客户特定的选择，只为客户圈定一个特定的范围。这样的好处如图 8-6 所示。

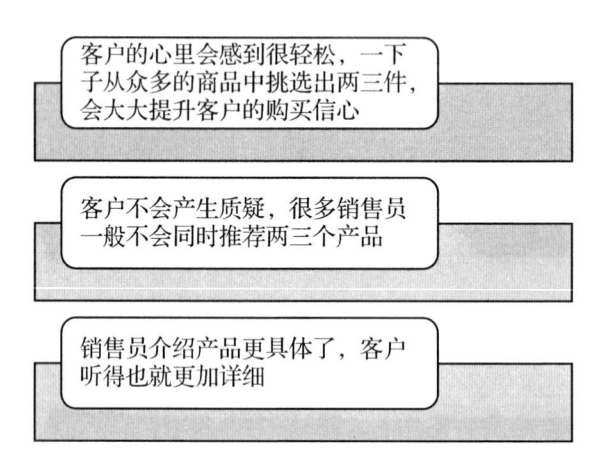

- 客户的心里会感到很轻松，一下子从众多的商品中挑选出两三件，会大大提升客户的购买信心
- 客户不会产生质疑，很多销售员一般不会同时推荐两三个产品
- 销售员介绍产品更具体了，客户听得也就更加详细

图 8-6　缩小选择范围的三大好处

这就是缩小选择范围的好处，既能够帮助客户降低挑选的难度，还可

以帮助销售员自己降低销售难度，可谓是双赢！要想成为一名优秀的销售员，最主要的不是思考如何卖出产品，而是要思考如何帮助客户做选择，在适当的情景下给客户出最简单的选择题，让客户自己选择。

"二选一"法则，将成交权主动让给客户

对于那些对产品表露出感兴趣却迟迟不做决定的客户，销售员最应该采用的办法就是"二选一法"。"二选一"是选择性问题中最好解决的，因为选择的范围小了，一共就两件产品，不是这个就是那个。如果是三选一的话，虽然只是多了一个选项，其结果却复杂得多，增加了客户的选择难度就等于增加了自己销售产品的难度。因此，只做"二选一"。将成交的主动权让给客户是最好的销售方法。

在英国，有个叫韦伯的吉利汽车销售员深知怎样利用"二选一法"来更快地卖掉产品。下面是他与客户的一段对话：

韦伯："您喜欢哪一种颜色，是白的还是黑的？"

客户："我比较喜欢黑色。"

韦伯："那您是喜欢两个门的还是四个门的呢？"

客户："我喜欢四个门的，上下车更方便。"

韦伯："您是要染色的玻璃还是不染色的？"

客户："我觉得染色的会更有品味。"

韦伯："您是要车底涂有防锈层的还是要不涂防锈层的？"

客户："当然是涂有防锈层的啦。"

韦伯："根据您的喜好，个人认为这两款车更适合您。"于是，韦伯详细地为客户介绍了这两款车。客户经过对比，最终选择了其中的一款。

韦伯："您认为什么时间交货最合适呢？是5月1日上午九点到十二点，还是下午两点到六点呢？"

客户："我觉得下午两点到六点更合适。"

韦伯运用这个方法的妙处在于，以咨询的方式把选择的自由委于客户，让其选择其中的一种。在这里，韦伯所问的一切问题都是假定客户已经决定购买，只不过还没有决定买什么样的。这种方法从表面上是将成交权让给了客户，但实际上只是将成交的选择权交给了客户，不管客户选择哪种，最终都是成交。

销售员在使用"二选一法"时，要特别注意两点：一是所提的问题最好不要用"买"字，这样会使客户觉得这是自己的选择，便会产生主动感；二是提出的选择不宜太多，两个最合适。如果选择太多，会让客户陷入很难抉择的地步，很大程度上影响成交。

拿捏好引导客户购买的说辞

当客户向销售员咨询哪款产品好时，身为销售员，不能只向客户推荐一款产品，而是要同时拿出两款或者三款产品供客户选择，并在和客户交流中逐渐地引导客户购买自己的产品。这种营销需要技巧，下面为大家具体介绍一下。

当客户问这些产品哪个比较好时，销售员最聪明的回答是："这两款产品都不错，您看您更喜欢哪个？"让客户自己做决定。销售员需记住一点，这两款产品中必须要有一款是自己要销售的产品，另一款是性价比差不多的其他厂家的商品。

销售员在为客户圈定选择范围后，要详细地为客户介绍这两款产品。在这需注意，介绍两款产品的时间要差不多。如果一个太短，一个太长，客户很容易看出其中的用意，就会产生戒备。这时，销售员就要用点技巧来提高客户购买产品的概率（如图8-7）。

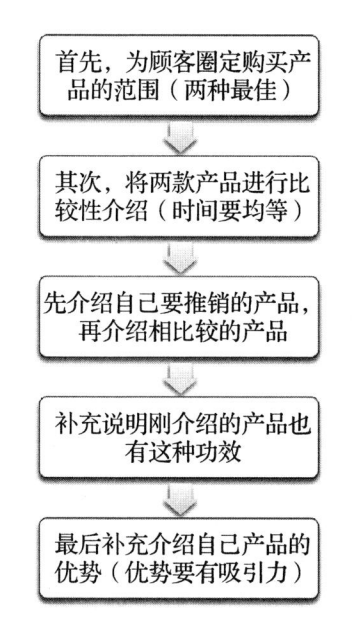

第八章
巧逼单：让客户果断决定购买

```
首先，为顾客圈定购买产
品的范围（两种最佳）
         ↓
其次，将两款产品进行比
较性介绍（时间要均等）
         ↓
先介绍自己要推销的产品，
再介绍相比较的产品
         ↓
补充说明刚介绍的产品也
有这种功效
         ↓
最后补充介绍自己产品的
优势（优势要有吸引力）
```

图 8-7　小范围内卖出产品的技巧

这种方法的好处在于，将自己要推销的产品多介绍一次，给客户留下深刻印象。这样你会发现，客户往往会买你最想推荐的产品。在此之前，销售员要抑制住一定要卖出去、一定要买我的产品之类的想法。

告诉客户机会有限，错过就没有下次

俗话说："物以稀为贵。"当一样东西开始变得越来越少时，那么，它就会变得越发地有价值。有时甚至一些一文不值、不完美的东西，也会因为独一无二或者稀少而变成重金难求的珍品。

著名心理学家德罗贝·法德尔斯发现，害怕失去某个东西的想法会比希望得到同等价值东西的想法对人们产生的激励更大。因此，销售员在进行推销时要巧妙地使用"物以稀为贵"的招数，告诉客户机会有限，会在无形之中给客户造成压力，让客户清楚地意识到"错过就没有下次，不买就是自己的损失"，从而促使客户最终购买产品。

大卫·柏特莱姆是一名从事厨具推销工作的销售代表。一天，柏特莱姆敲开了一户人家的门，想向他们推销自己的产品。开门的是房屋的女主人，她听完柏特莱姆的介绍后便邀请他进来，表示愿意看看他推销的产品。正好这天有三位客人在，柏特莱姆便邀请他们一起来看看。柏特莱姆认真、详细地向这几位客户展示他的产品，并做了一个实验来证明自己产品的优势所在。但是客户们看起来很理智，始终没表露出对产品感兴趣。

这时，柏特莱姆并没有继续介绍他的产品，而是准备收拾东西打算离开。出于礼貌，柏特莱姆向客户说："十分感激大家能够给我机会展示我的产品，只是令人惋惜的是，如果大家错过了这次购买机会，以后再想买恐怕就没这么容易了。我们这套产品从进入市场以来一直是供不应求，需要客户提前预订。而且，公司为了回馈广大新老客户，前200名订购者可享受7折优惠。各位是否再考虑考虑。"

当柏特莱姆说完这句话后，客户们的态度发生了变化，其中两名客户连忙问柏特莱姆公司什么时候可以出货。柏特莱姆告诉他们无法确定具体的出货时间。这下，客户们开始着急起来，询问如何才能够确保一定可以买到这套产品。柏特莱姆建议他们先付定金，当公司有货后就会立即给他们送来。于是，客户们立即掏出来定金给柏特莱姆。

柏特莱姆利用产品的供不应求，需要提前预订来给客户制造一种机会有限，错过就没有下次的压力，让客户感觉到产品的稀有珍贵，使其因紧张购买不到而丧失理智，从而达到销售的目的。由此可见，身为销售员，如果懂得适时运用机会施予客户有限的压力，会取得很好的推销效果。

第八章
巧逼单：让客户果断决定购买

用"数量限购法"勾起客户的抢购心理

"数量限购法"是利用了消费者普遍存在的一种抢购稀少商品的心理。越稀少的东西往往越觉得珍贵，映射到销售过程中也是同理。销售员要做的就是将自己的产品塑造成"稀有物种"，给客户施加错过这次机会，以后就再也难买到的压力，这样，客户购买的概率会大大提升。

一家百货店积压了一批拖鞋。老板在店门口张贴了一幅布告："本店出售拖鞋，每人限购两双，先到先得。"并嘱咐营业员，如果有客户要购买两双以上的，必须找老板批准。没过多久，客户纷至沓来，柜台前挤得水泄不通，找老板特批超额购买拖鞋的客户接踵而至，积压的拖鞋很快就被抢购一空。

一般情况下，产品的质量、使用价值是很难从外形和价格上判断的，但是能够从产品销售的冷热情况、产品广告以及销售员的姿态三方面来判断。根据消费者普遍存在抢购稀少产品的心理现象，销售员在推销产品时应注意以下几点（图8-8）。

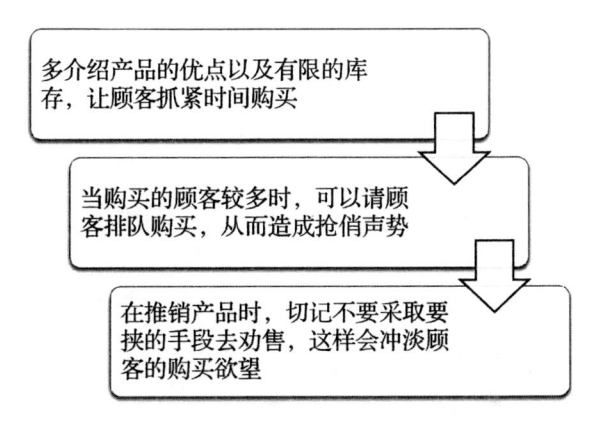

```
┌─────────────────────────────┐
│ 多介绍产品的优点以及有限的库 │
│ 存，让顾客抓紧时间购买       │
└─────────────────────────────┘
              ↓
┌─────────────────────────────┐
│ 当购买的顾客较多时，可以请顾 │
│ 客排队购买，从而造成抢俏声势 │
└─────────────────────────────┘
              ↓
┌─────────────────────────────┐
│ 在推销产品时，切记不要采取要 │
│ 挟的手段去劝售，这样会冲淡顾 │
│ 客的购买欲望                 │
└─────────────────────────────┘
```

图8-8 用"数量限购法"勾起客户的抢购心理

利用产品短缺的真空压力,让客户失去理智

如果想要对方接受你的要求或者建议,告诉他不接受会造成什么样的损失比告诉他接受后能够得到什么好处更容易说服对方,这就是短缺效应给人们造成的影响。销售员在推销产品时,如果能够有效利用这个原理,给客户施加压力,就会让其因失去理智而快速签单。

通过产品短缺制造压力在销售中是一种比较常见、能够有效的促进成交的方法。目的是让客户失去冷静思考的机会,让其在仓促中做出购买的决定。那么,销售员如何利用产品短缺来给客户施加压力呢?可以从以下两点入手:

(1)策划和制造"产品短缺"的现象。譬如,延迟出售时间以积累客户,待客户积累足够多时再发布公告。

(2)在介绍产品时适当提醒客户产品短缺。当客户对你所推销的产品表现出犹豫不决时,就可以适当地提醒客户产品的短缺。譬如,"这款产品十分畅销,但是我们仓库里可能没有了存货,让我先帮您问问看。""请您稍等一会儿,我记得这一类型的产品好像没货了,让我帮您查查店内是否还有您喜欢的这个型号。"等类似于这样的话,这样可以在客户的心中形成他有可能买不到这款产品的想法。

适当地威胁,让客户感觉到可能失去产品的拥有权

"威胁"就是销售员适当地做出一些带有"威胁性"的举动,让客户感觉到自己有可能失去产品的拥有权,让销售活动颠倒主动权。

在英国的一家画廊里,一位法国人看中了一个意大利人的三幅画,定价是1000英镑。法国人觉得价格太高,希望可以降低一些,意大利人不同意,双方一直处于僵持状态。几次三番后,意大利人生气了,于是拿起

第八章
巧逼单：让客户果断决定购买

其中的一幅画当着法国人的面烧掉。

法国人既吃惊又感到可惜，赶忙喝止，问："剩下的两幅画你打算卖多少钱？"意大利人依然坚持1000英镑一幅，法国人还是觉得有点贵，意大利人这次二话没说又拿起一幅画烧了。此时，法国人不只是心疼被烧的两幅画，他更担心剩下的那幅画。于是，他乞求意大利人不要继续烧画，毫不犹豫地以1000英镑的价格买下了最后一幅画。实际上，这三幅画的总价值也就700英镑左右。

意大利人一怒烧画的做法其实就是在给法国人造成压力，让其觉得如果自己再要求降低价格，最后这幅画也会被烧掉。而且，意大利人的举动给法国人一个强烈的误导，卖家宁可烧掉这些画都不愿意降低价格，说明这个价格确实是最低的。因此，法国人最后不得不以最初的价格买下了最后一幅画。意大利人适时地"威胁"了法国人，不仅使法国人觉得物有所值，还认为自己小赚了一笔。

销售员在进行"威胁"时，首先要弄清楚客户最关注的产品优势是什么，只有做好准确定位，"威胁"才能够起到应有的作用。与此同时，"威胁"还要与正面说服相结合，保证"威胁性"是实际、客观的，而不是用谎言来欺骗客户的感情，否则很容易引起客户的不满，从而造成谈判的不愉快。

销售员在运用"威胁"这招时，还需注意几点：

（1）方法要适度，要在客户有明确购买意向的前提下进行，不要激怒客户。

（2）要给客户思考的时间。

（3）在条件允许的情况下，销售员可以适当地做出一些让步。譬如，如果已经"威胁"了客户，但是客户看上去还是不能做出决定，那么，销售员可以适当地做出一些让步，让客户觉得自己的坚持有意义，这样的话会更容易成交。

以退为进，让客户难以拒绝你的请求

如果想要别人答应你的请求，你可以先提出一个难以做到、较大、对方有可能拒绝的请求，在对方拒绝后，再将自己真正的请求说出来，这样相当于你向对方做出了让步，而对方在看到了你的让步后往往也会做出相应的让步。因此，在互惠心理的影响下，你的请求会很容易被对方接受。

这种方法在销售谈判过程中很常见，当你的要求没有得到应允时，主动让步会更容易实现销售的目的。没有让步的谈判是很难取得成功的，因此在销售过程中，采用以退为进的方式，比起那些直截了当的方法更能够达到预期效果。

销售之神原一平有一天去一家烟酒店拜访，这家烟酒店的老板是上次直接促成成功的新客户。由于已经成为客户，加上这次是第二次拜访，原一平自然而然就比较随便，把原来头上端正的帽子都带歪了。

原一平一边说晚安一边将门拉开，应声而出的是烟酒店老板的儿子。虽然是小老板，但是年纪已经不小了。小老板一看到原一平就生气地大叫起来："喂，你这个大混蛋，你这是什么态度，懂不懂礼貌，歪带着帽子跟我说话。我是信任明治保险，信任你，所以才在你们公司投保，可谁知道我所信赖公司的员工却是这么的无礼、随便。"听到这句话，原一平双腿一屈立马跪在地上说："唉！我实在太惭愧了，因为您已经在我们公司投保，于是我就把您当成了自己人，所以太随便了，请您原谅。"原一平继续道歉说："刚才我的态度实在是太鲁莽了，不过，我是带着向亲人请教的心情来拜访您，绝对没有轻视您的意思，请您原谅我好吗？千错万错都是我的错，请您息怒，和我握手好吗？"

小老板突然转怒为笑，说："您站起来吧，其实我刚才大声责骂您也很过分。"于是，他握着原一平的手说："惭愧！惭愧！实在是太无礼了。"两个人越聊越投机。小老板说："我刚才向您大发脾气实在是很过分，我看这样吧！上次在您这不是投保了5000元吗？这次我就增加到3万元吧！"

原一平用以退为进的方法，让对方感到内心强烈的不安，从而主动提出了增加投保金额的要求。由此可见，谈判的过程中适当的让步，以退为进，反而会促成谈判成功。那么，销售员如何以退为进，让客户感到内心不安，最终与自己达成交易呢？销售员可以从以下几点入手。

利用互惠心理，主动做出让步

让是推销交谈中很大的一门学问，既要做得巧妙，还要不留痕迹，让对方内心觉得满足，在满足中却又夹杂着不安，这样才能够更好地使交易顺利进行。

互惠心理指的是你给予了别人好处，别人会给予你一些友好的馈赠。概括起来说，就是一种行为应该用一种类似的行为来回报。销售员在与客户交谈的过程中也可以利用这种心理，主动做出让步，从而诱使对方也对自己做出让步，最终和自己达成交易。

某电器公司派两名销售员上门去推销一款价格昂贵的电视机，结果A销售员失败而归，没有卖出去一台；而B销售员则凯旋，成功卖出了10台电视机。

为什么会出现这种情况呢？A推销员可以说是使用了浑身解数，用自己的三寸不烂之舌去说服客户购买，但是大多数客户都因价格太贵而婉言拒绝。有些客户为了敷衍也只是说考虑考虑，并不是真心想购买。因此，A销售员没有卖出一台电视机。而B销售员知道销售这么昂贵的产品很难，需采取一定的策略。因此，B销售员在上门拜访客户时，先向客户介绍了另外一款更加高档、更加昂贵的电视机，等到客户拒绝后，他才说出自己真正要推销的这款电视机，并说："如您觉得我刚才说的那款电视机太昂贵，我们还有一款电视机，在功能上也很实用，但是价格相对便宜很多，您看您是否考虑一下？"

就是这样的拒绝、退让，让客户觉得对方已经做出了让步，如果自己再拒绝的话就有点说不过去，于是不少客户都同意购买其产品。

B销售员利用互惠心理，主动做出了让步，以退为进，诱使客户对自己做出让步，最终与自己达成交易。

这种先大后小、先难后易的销售方式在现实生活中被经常使用，特别是在销售谈判的时候，一方先提出近乎苛刻的要求，然后在这个要求的基础上进行退让，最终迫使对方也做出相应的让步。

在实际的操作中，销售员如果要使用这种策略，一定要根据具体情况，把握好分寸，使其对客户的影响达到最佳。

让步幅度不能过大，要高于产品价格的底线

让步是和对方进行心理战的一种手段。如果让步幅度过大，不仅压缩了自己的利益空间，使自己的利益受到损失，同时也是对自己产品的一种否定。而且，如果让步幅度过大，也会使对方感到心里不安。因此，销售员在进行让步时，让步幅度不能过大，要高于产品价格的底线。

创业初期，松下幸之助在与一位经销商洽谈生意时，经销商说："你给我的报价是每吨4700元，这个价格太高了，我们是第一次见面，彼此之间都不是很了解，你希望我买你的产品就应该便宜点，我只能给4000元。"松下幸之助笑着说："这样吧，我们是第一次合作，为表诚意，我愿意每吨下降20元，您看如何？"

第八章
巧逼单：让客户果断决定购买

经销商阴着脸说："我看你也诚心诚意，我刚刚报价 4000 元的确有点低，我愿意上涨 100 元，每吨 4100 元，如何？"松下幸之助说："您干这行多年，经验比我丰富，比我了解行情，您知道我的报价是很合理的，不然您也不会与我谈判。我希望与您合作，这样吧，我再降 20 元，每吨 4660 元，如何？"经销商还是觉得不满意。在随后的谈判中，松下幸之助又主动在每吨 4660 元的基础上降了三次价，其幅度都是 20 元，价格降到 4600 元。

经销商还是不满意，松下幸之助说："为表诚意，我在低于市场价的情况下连续降价 5 次，您还是不满意，从您的眼中我没有看到真诚，也许您根本就不希望与我合作，打扰您了，我这就离开。"经销商看到松下幸之助要离开，阻拦说："我很愿意与你合作，刚才只是在价格方面反应比较慢，我同意刚刚的报价 4600 元，我们签合同吧。"

松下幸之助利用缓步多降的方式使经销商妥协，最终主动提出签合同。这种频繁的下降不仅消耗了客户的耐心，还让客户感觉内心难安。

让步不是妥协，而是双方寻求共赢的一种途径，让步的最终目的是让双方从交易中都能够得到利益。因此，销售员在进行让步时不能跌破产品的价格底线。譬如，产品最低价格必须是 2500 元，低于这个价格就没有利润可言。那么，这就是产品的价格底线，不管怎样让步，都不能低于这个价格。